LE
PETIT SÉMINAIRE
D'AUTUN

Publié par
la Réunion fraternelle des Anciens Élèves.

AUTUN
IMPRIMERIE ET LIBRAIRIE DEJUSSIEU
1898

LE

PETIT SÉMINAIRE

D'AUTUN

Imprimatur,

Évêché d'Autun, 25 août 1898.

A. MANGEMATIN,
  Vicaire général.

LE
PETIT SÉMINAIRE
D'AUTUN

*Publié par
la Réunion fraternelle des Anciens Élèves.*

AUTUN
IMPRIMERIE ET LIBRAIRIE DEJUSSIEU
1898

Au Lecteur.

Ayant depuis longtemps l'idée de grouper les faits qui ont marqué l'histoire du petit Séminaire, nous avons recueilli çà et là des documents qui semblaient propres à réaliser notre désir : ces documents, par malheur, ne sont pas bien nombreux ; durant certaines périodes ils manquent presque complètement.

Sur les origines, nous ne connaissions rien de précis; un hasard providentiel a fait arriver entre nos mains quelques feuillets écrits vers 1790, qui nous ont appris les commencements des séminaires : depuis, nous avons su que ces papiers viennent, ainsi que d'autres pièces, d'un ancien feudiste, M. Jean-Baptiste-Marie Garnier[1]. En les citant nous les indiquerons par ces mots : *Feuillets Garnier*.

1. Mort en 1847.

Des registres, à l'Évêché, au grand et au petit Séminaire, nous ont fourni d'autres données; les archives de cette dernière maison, des papiers écrits par M. Lenoble, à l'Évêché, nous ont permis de préciser pour des personnes et des dates; des lettres diverses mettent en relief certains détails.

Parmi les ouvrages imprimés qui nous ont aidé davantage, il faut citer : *Gabriel de Roquette*, par M. Henri Pignot; *Epigraphie autunoise; Autun et ses Monuments*, par M. Harold de Fontenay; *la Persécution religieuse dans le département de Saône-et-Loire* (1789-1803), t. II, par M. l'abbé Muguet; la *Notice chronologique sur l'Église d'Autun*, à la fin des *Statuts synodaux*.

M. Duchêne avait lu, à la distribution des prix, en 1863, sur le petit Séminaire, une notice qui n'a pas été imprimée; nous l'avons consultée avec fruit, de même que les brochures qu'il a consacrées à M. Farges, à l'histoire de la maison, pendant la guerre de 1870; et à Mgr Landriot.

Les comptes rendus de la *Réunion fraternelle*, depuis 1872, et la *Semaine religieuse*, depuis 1875, gardent bien des pages qui peuvent intéresser les anciens élèves.

Nous croyons avoir été exact; peut-être nous reprochera-t-on, en tel ou tel cas, trop de brièveté : la faute pourrait bien en être à la pénurie des documents.

Parmi ceux qui nous feront l'honneur de nous lire, s'il s'en trouvait qui, par des pièces imprimées ou manuscrites, par des souvenirs personnels, seraient à même de suppléer à ce que nous n'avons pas dit, leurs communications seraient très volontiers acceptées : en tirant parti du tout, on pourrait peut-être faire un autre volume, dans lequel seraient insérées des illustrations que le manque de temps n'a pas permis de joindre à celui-ci.

Tel qu'il est, s'il a la chance d'agréer à ses lecteurs, nous en serons heureux; dans le cas contraire, qu'ils veuillent bien accepter nos excuses, et croire qu'au moins nous ne l'avons pas fait dans ce dessein.

P.-L.-N. Clément,
Prêtre.

LE PETIT SÉMINAIRE D'AUTUN

DES ORIGINES A LA RÉVOLUTION

L'Église a de tout temps montré une grande sollicitude pour la bonne éducation des enfants et des jeunes gens, de ceux surtout parmi lesquels elle espère recruter son sacerdoce.

Dans ce but, elle a jadis créé, ou tout au moins largement favorisé les petites écoles, les collèges de belles-lettres, les universités, où se groupaient tous les genres de savoir : clercs et laïques venaient fraternellement puiser aux mêmes sources.

Mais les vocations ecclésiastiques rencontraient des facilités particulières : aux jeunes gens désireux d'embrasser la vie religieuse, s'ouvraient les écoles claustrales; ceux qui, prêtres, devaient rester dans le monde, trouvaient habituellement le moyen d'étudier, dans le palais même de leur évêque, ou bien ils étaient par lui confiés aux soins d'un dignitaire de son église, à qui cette fonction justement honorable fit attribuer le nom d'*écolâtre* ou *scolastique*.[1]

Aux quatorzième et quinzième siècles, la prospérité croissante des universités, attirant de plus en plus la jeunesse, rendit presque désertes les écoles monastiques et épiscopales : les candidats au sacerdoce étaient soustraits à la direction de leurs supérieurs naturels, et ne recevaient pas la formation disciplinaire et morale nécessaire à leur état. Au seizième siècle, le protestantisme ayant gagné nombre d'universités, la situation devint plus que suspecte pour l'enseignement et l'éducation de la jeunesse catholique, mais principalement pour les futurs prêtres.[2]

Aussi les Pères de Trente décidèrent-ils d'apporter au mal un remède convenable, et ils purent à bon droit s'applaudir de l'avoir trouvé dans la création des séminaires[3]. Toute église cathédrale

---

[1]. L'Église d'Autun peut se glorifier de l'écolâtre Honorius, « un des hommes les plus célèbres de son temps, vers 1120. » (Goschler, *Dict. de théol.*)

[2]. Goschler, art. *Séminaires*.

[3]. Præ cæteris comprobatum est ut *Seminaria* instituerentur; adeo ut complures affirmarent ubi nullus alius fructus ex eo concilio decerptus fuisset, solum hunc labores omnes et incommoda compensaturum. (Pallavicini, *Hist. conc. Trident.* lib. 21, cap. VIII, n° 3.)

devait avoir le sien, qui s'ouvrirait de préférence à des élèves pauvres.[1]

Le concile ne parlait pas de grand et de petit séminaire; la force des choses amena cette distinction, surtout dans les diocèses populeux.

Les décrets de Trente étaient providentiels, mais leur exécution ne manqua pas de difficultés : on sait que saint François de Sales ne put réussir à ériger un séminaire. Les guerres de religion en France (1562-1629) gênèrent la réalisation des vœux du concile. Trois séminaires seulement furent fondés au seizième siècle. Ceux de Reims, Bordeaux (1580), et Carpentras (1585).[2]

Le siècle de Louis XIV en vit s'établir un grand nombre.

Saint Vincent de Paul, M. Olier, firent de l'œuvre des séminaires un de leurs travaux de prédilection; le cardinal de Bérulle et M. de Condren s'étaient voués à l'éducation des prêtres.

Dans le diocèse d'Autun, l'honneur du premier essai pour réaliser l'œuvre votée par le concile, revient à Mgr Doni d'Attichy (1652-1664); le 19 avril 1657, il confia aux chanoines réguliers de Saint-Symphorien le soin de former les jeunes aspirants au sacerdoce[3]. Le séminaire allait ger-

---

1. *Conc. Trid.* sess. XXIII, cap. 18, 15 julli 1563.
2. Rohrbacher, XIII, 157.
3. Dinet, *S. Symph.* II, 378. *Statuts synodaux* 420.

mer auprès du tombeau de notre premier martyr, c'était une belle idée.

Les religieux de Saint-Symphorien remplirent la mission qu'ils avaient reçue, jusqu'au moment où le successeur immédiat de Mgr d'Attichy crut devoir transférer son séminaire dans la ville épiscopale. [1]

Gabriel de Roquette, le nouvel évêque, était né vers 1624. Son père, avocat au Parlement de Toulouse, fut capitoul de cette ville, ce qui donnait la noblesse ; sa mère, Anne de Senaux, appartenait aussi à la noblesse parlementaire. [2]

Une tante, Marguerite de Senaux — mère Marguerite de Jésus — supérieure d'un couvent de dominicaines à Paris, honorée du respect de tous ceux qui la connaissaient, et en particulier d'Anne d'Autriche, crut pouvoir profiter de ses relations avec la reine mère, pour faire entrer son neveu, qui se destinait à l'état ecclésiastique, dans la maison d'Armand de Bourbon prince de Conti, frère cadet du Grand Condé.

Roquette n'avait guère plus de vingt ans : il se fit remarquer par la sûreté de son commerce et de ses affections. Le prince de Conti, abbé commendataire de Cluny, le prit pour son vicaire général et lui fit obtenir les prieurés de Saint-Denis-en-

---

[1]. Feuillets Garnier.
[2]. Elle mourut retirée au séminaire d'Autun. Déc. 1670.

Vaux, au diocèse de Poitiers, et de Charlieu au diocèse de Mâcon ; en 1661 Louis XIV pourvut encore Roquette de l'abbaye de Grandselve au diocèse de Toulouse.

Ses talents pour la chaire chrétienne se firent voir dans les oraisons funèbres de la duchesse douairière de Condé (1651), du duc de Candale (1658) et d'Anne d'Autriche (1666) ; il était de plus docteur en théologie.

Nommé par le roi à l'évêché d'Autun, le 1er mai 1666, sacré à Paris en avril 1667, par l'archevêque de Sens, Jean de Condrin, qu'assistaient les évêques de Chalon, Jean de Maupeou, et de Mâcon, Michel de Colbert, ce prélat arrivait dans son diocèse au mois d'août.

Le 6 octobre il publia son ordonnance pour l'établissement d'un séminaire ; au mois de décembre des lettres patentes de Louis XIV étaient données au même effet. [1]

« Nous avons, portait cette ordonnance, choisy une maison en cette ville épiscopale, en attendant que le bâtiment que nous destinons soit fait et achevé, dans laquelle nous avons estably et establissons notre séminaire, dont l'ouverture s'en fera le 15 du mois de novembre prochain..... En ce commencement nous ne pouvons pas tenir les classes pour y apprendre le latin. » [2]

---

1. H. Pignot, *Un Évêque réformateur*, I, ch. IV, passim.
2. Archives du petit Séminaire.

Le grand Séminaire allait donc exister, la création du petit était ajournée ; plus de vingt ans devaient s'écouler avant qu'il fût établi à son tour.

Deux ans après, le 1er novembre 1669, l'évêque amodiait « une maison canoniale sise en la rue de Saint-Quentin et appartenant à messire Pierre Lallemant, archidiacre d'Avallon et chanoine de la cathédrale d'Autun, pour y loger son séminaire. »[1]

Le bail fait « pour temps et terme de six ans, » fut prolongé encore plusieurs années, pendant lesquelles se construisait le séminaire « destiné » par M. de Roquette.

A en croire Courtépée, l'historien au siècle dernier du duché de Bourgogne, la première pierre de cet édifice aurait été posée le 18 octobre 1669 : cette affirmation a été plusieurs fois répétée, mais M. Pignot[2], suivi par M. Harold de Fontenay[3], dit avec de plus sérieux motifs, nous semble-t-il : « Dans le courant de l'année 1675, Roquette posa la première pierre du bâtiment de son séminaire. »[4]

Les plus anciens paiements à l'architecte surveillant et à divers ouvriers sont de janvier 1676 ; les libéralités à l'aide desquelles l'entreprise put

---

1. Arch. du P. S.
2. *Un Évêque réformateur*, p. 264.
3. *Epigraphie autunoise, Autun et ses Monuments.*
4. Ouvr. cité.

être conduite à bonne fin commencent aussi à cette époque.

Les rapports obligés et intimes qui existeront entre le grand et le petit séminaire, nous amènent à donner sur le premier plus de détails qu'il ne semblerait convenir.

L'évêque d'Autun, pour implanter les bâtiments de son séminaire, avait choisi *le Champ de la Corvée*, « qui avait fait de tout temps partie du domaine épiscopal [1]; pour en parfaire l'enclos il paya de ses deniers l'achat de : 1° six journaux de terre appartenant à Hilaire Bonniard, marchand, 28 février 1676; 2° de la *Vigne Barde*, d'environ quatre journaux à la veuve Lancelot, 16 mars 1677. [2]

Il montrait ainsi sa générosité; d'autre part, le choix de cet emplacement révélait le coup d'œil d'un maître.

Assez rapproché de la ville pour la facilité des rapports, mais en dehors de son enceinte, ce qui donnait la liberté du chez soi, le séminaire allait s'élever à peu près au centre d'un terre-plein qui d'un côté se trouvait de niveau avec le chemin d'Autun, et des trois autres était suffisamment élevé pour offrir, entre autres avantages, la jouissance d'un paysage très varié.

Daniel Gittard, l'un des huit de la profession

---

1. H. Abord, *Autun militaire*, 38.
2. Actes reçus Dubled, notaire. Arch. du P. Sém.

qui composèrent l'Académie d'architecture lors de sa fondation par Colbert (1671), fut chargé d'en dresser les plans ; son œuvre est assez parfaite pour que Bussy-Rabutin ait pu, sans trop forcer la louange, écrire que c'était « le plus beau séminaire de France. »

L'ensemble devait former un vaste parallélogramme, élevé de trois étages : le grand côté tourné au midi ferait un seul corps de bâtiment avec pavillon à chaque extrémité ; de là partiraient, deux constructions en retour d'équerre sur la précédente, se terminant aussi chacune par un pavillon, et formant les petits côtés ; une troisième de même aspect quoique un peu plus large, et destinée à renfermer la chapelle, viendrait à égale distance de celles-ci rejoindre le premier bâtiment au milieu de sa longueur, et déterminer deux cours carrées dont la face restée ouverte serait ornée de belles grilles de fer, qui dessineraient avec grâce le second grand côté du rectangle, en rattachant le pavillon de la chapelle à celui de chacun des bâtiments extrêmes.

Ce plan ne reçut pas une exécution complète. Si le grand côté au midi fut continué au delà du bâtiment de la chapelle, il n'eut cependant pas toute la longueur indiquée dans le dessin primitif ; il n'y eut pas une seconde cour carrée, et le petit côté du Sud-Ouest, *qui devait être le petit Séminaire* des étudiants en philosophie, ne fut jamais construit.

Tout inachevé qu'il soit, le séminaire a bien le cachet du grand siècle : autour de l'établissement édifié par Gittard, Lenôtre dessina les jardins et les terrasses; et si les années de la Révolution ont vu disparaître, sur le chemin qui va du fossé à la porte d'entrée les deux rangées de tilleuls [1], et du côté de la route de Beaune les avenues de charmille que Lemoine devait planter « si droit et si juste que le dernier brin couvre le premier [2], » ainsi que les bosquets et labyrinthes au milieu desquels se dressait le platane, magnifique aujourd'hui, et qui seul a survécu; si les jardins ont été notablement remaniés; on peut encore admirer la grande terrasse dont les tilleuls, maintenant deux fois séculaires, fixent les contours, et encadrent majestueusement la façade du Nord-Est, où se trouvaient les appartements du prélat et que l'on appelait, pour cette raison, l'Évêché. [3]

Un grand bassin de forme circulaire, avec jet d'eau au centre, fut creusé à l'extrémité inférieure de cette terrasse. C'est en fouillant ce terrain qu'on trouva au milieu de médailles antiques une plaque de cuivre rouge, avec cette inscription : DEAE BIBRACTI. [4]

1. Œuvre de M. de Lalonde, sup. du grand Séminaire (1775-1790).
2. Arch. P. S.
3. Voir appendice I.
4. « Ce bronze déposé depuis dans le cabinet des antiques du roi, servit en 1710 à M. François Baudot, originaire d'Autun et maire de Dijon, pour prouver que la vraie Bibracte de César était Autun. » (Courtépée.) Les savants de notre époque qui ont examiné la question ne sont pas tous de cet avis.

Grande avait été la libéralité de Mgr de Roquette envers le séminaire : il se démit encore en sa faveur du prieuré de Saint-Denis-en-Vaux, dont le revenu était de 3,500 livres (12 déc. 1678), et vingt-cinq ans après de celui du Val-Saint-Benoit.[1] Mais il n'aurait pu seul porter le fardeau des dépenses nécessaires à son entreprise : le clergé du diocèse, la province de Bourgogne, fournirent des sommes considérables. M. le Prince, fils unique du Grand Condé, donna dix mille livres ; Marie de Guise, la petite-fille du *Balafré*, en légua vingt-cinq mille ; Louis XIV en avait fait payer environ cent mille ; Mme de Maintenon s'était entremise à cet effet, son nom resta à l'escalier justement admiré des connaisseurs, qui conduisait du rez-de-chaussée aux appartements de l'évêque.

Rosny[2] est seul à raconter l'anecdote, que l'on trouve cependant dans la tradition autunoise : Mgr de Roquette demandait à Louis XIV « la Coiffe au diable[3] » pour faire la charpente de son séminaire : « Prenez la coiffe et le diable avec, » lui répondit en souriant le roi qui n'en connaissait pas la valeur. L'évêque fit diligence, et lorsqu'un contre-ordre arriva la forêt était abattue.

1. *Epig. aut.* II, 216.
2. *Hist. d'Autun*, 264 et 265.
3. Partie de la forêt domaniale de Planoise, à droite de la route nationale n° 80, en allant d'Autun au Creusot, au premier tournant après la maison forestière. « Ses bois magnifiques étaient réservés pour la marine. » (Ern. Pinard, *Mon Journal*, I. 9.)

Que le fait soit ou non authentique, toujours est-il que la forêt royale ne fournit pas seule les bois de la charpente : par acte du 16 janvier 1676 « Dame Marie de la Baume de Montrevel, abbesse de l'abbaye royale de Sainte-Marie-Saint-Andoche, avait vendu à vénérable messire Antoine Dufeu, vicaire général et official du diocèse d'Autun, et supérieur du séminaire, des arbres en nombre indéterminé, à prendre dans les bois et buissons appartenant à ladite dame, au lieu de Curgy et dépendances, propres à faire poutres de vingt-six à trente pieds, pour être employés à l'édifice que Monseigneur *veut faire* pour le séminaire du diocèse. » Au trois février de la même année, soixante-quatre chênes étaient déjà abattus. [1]

A la fin de 1678 [2] le grand Séminaire fut transféré de la *maison canoniale sise en la rue de Saint-Quentin* dans les bâtiments du champ de la Corvée. Les murs de clôture restaient à faire ; ils furent terminés en 1698. [3]

C'est peu après cette translation du séminaire

---

1. Arch. P. S.
2. On trouve en plus d'un endroit la date de 1680, mais un acte authentique nous apprend que, le 3 janvier 1679, « Messire Roger de Rabutin, comte de Bussy, lieutenant général des armées du Roy, baron de Chizeul, Forléans, etc., prenait par amodiation cette maison canoniale qu'occupait cy-devant le séminaire. » Une pièce annexe du 20 mars 1679 précise davantage : « Le séminaire, dit-elle, a quitté ledit logis au mois de novembre dernier.
3. *Epigr. aut.* II, 342.

qu'il fut confié à MM. de Saint-Sulpice [1] : jusque-là les supérieurs avaient été choisi dans le clergé du diocèse. Il y en eut trois, dont le dernier, M. Dufeu, que nous venons de nommer, devait fournir encore une longue et honorable carrière et « avait déjà travaillé avec un zèle infatigable à la construction du séminaire dans le champ de la Corvée près la porte des Marbres. » [2]

Plus de vingt ans s'étaient passés depuis l'établissement du grand séminaire ; il y en avait près de dix qu'il était installé dans les bâtiments du champ de la Corvée : le tour du petit séminaire allait venir.

L'évêque d'Autun avait appelé auprès de lui, en 1687, son neveu, Henri-Auguste-Louis de Roquette, qui devait inaugurer cette œuvre étroitement liée à la première.

Né à Paris en 1659, entré à Saint-Sulpice le 22 avril 1678, devenu docteur de Sorbonne [3], il était encore « à la petite communauté » en octobre 1686. [4]

Touché du désir d'exécuter le décret du saint concile de Trente sur l'éducation des jeunes clercs, il commença après Pâques de l'année 1688,

---

1. Exactement le 8 novembre 1679. Feuillets Garnier.
2. Feuillets Garnier.
Les sulpiciens n'étaient, par rapport au temporel, que simples usufruitiers et comptables à la chambre du clergé. (Courtépée, II, 256.)
3. Pignot, ouvr. cité, et A. P. S.
4. Note de M. Carrière, archives P. S.

l'œuvre du petit séminaire, avec le concours du chanoine Gabriel Pillot de Fougerette, qui offrait dans cette vue l'usage de sa maison « derrière l'église cathédrale, à l'occident. »[1]

Nous croirions volontiers que cette maison léguée à Gabriel Pillot par sa mère Marie Cortelot[2] est celle qui aujourd'hui porte le numéro 5 dans l'impasse du Jeu-de-Paume, propriété de M. Changarnier, et « où l'on trouve dans les métopes du portail les initiales des Cortelot. »[3]

Conformément aux vœux des Pères de Trente « on y reçut des enfants dès l'âge de douze ans, et capables de faire leur quatrième ; ils allaient en classe au collège des Pères Jésuites. [4]

Faute de documents, nous ne saurions dire quel était leur nombre.

Henri de Roquette portait tant d'intérêt à son œuvre, que pour mieux l'affermir il ne voulut pas accepter la charge de vicaire général.[5]

Des lettres patentes furent données par Louis XIV, à Versailles, au mois de janvier 1691, en faveur du petit séminaire d'Autun. « Le roi, disent-elles, veut non seulement le soutenir mais l'établir solidement. Depuis plusieurs années, il avait appliqué six cents livres à cette bonne

---

1. Feuillets Garnier.
2. *Mém. de la S. Éduenne*, XX, 52, 53.
3. *Autun et ses Mon.*, 392.
4. Id.
5. Papiers Devoucoux, au grand Séminaire.

œuvre, et il s'engageait à continuer annuellement la même gratification qui fut payée aussi par Louis XV et Louis XVI. [1]

Le petit séminaire demeura dix ans, croyons-nous, dans la maison de M. Pillot de Fougerette.

Le digne supérieur, admiré de tous pour sa science et sa vertu, avait été fait abbé de Gimont en Languedoc, 1693 [2]. Sa sollicitude pour les intérêts de ses enfants au milieu desquels il aimait à vivre; le soin des pauvres, dont il fit subsister pendant l'hiver plus de 3,000, par des ressources impraticables à tout autre qu'à lui [3], l'empêchèrent de visiter son abbaye avant 1694.

A son retour, une épidémie sévissait dans la ville épiscopale : il se voua à secourir jour et nuit les malades, fut lui-même atteint et mourut le 24 août « véritable martyr de la charité. » [4]

Le chapitre de la cathédrale décida qu'il serait inhumé à l'entrée du chœur et qu'on lui ferait de solennelles obsèques ; une inscription très hono-

---

1. Arch. petit. Sém. et Appendice, II.
2. Dans l'information de vie et mœurs à cette occasion, on mit en relief le zèle dont il avait fait preuve envers le petit séminaire : « Circa informandos et instituendos juvenes clericos seminarii minoris, cujus constitutionem hac in civitate procuravit, atque etiam directionem suscipere non est dedignatus. » — (M. Dufeu, vic. gén.)
« Dépose... qu'il a soing d'y élever de jeunes clercs dans un petit séminaire establi par ses soins. » (Ch. Le Vayer, sup. du grand Sémin.) Arch. petit Sém.
3. Lettre de Mgr de Roquette, citée par M. Pignot.
4. Id.

rable fut placée sur sa tombe. Ce monument avait disparu avant la Révolution. [1]

Quatre ans après, le petit séminaire avait quitté son premier asile, ainsi que le constate un billet de Mgr de Roquette : « J'ai envoyé un ordre à M. de la Croix, le 10 septembre 1698, de payer... 200 livres à M. Malet (sic), supérieur du petit séminaire, pour les besoins pressants du petit séminaire *dans le changement de maison*. A Paris, ce 13ᵉ de septembre 1698. [2]

La nouvelle habitation était la maison canoniale dont parle l'historien Gagnare [3]; elle appartenait à M. Humblot de Villiers Claude-Etienne, chanoine de la cathédrale, même avant d'être sous-diacre[4], et était située près de l'église de Saint-Quentin. Faute de place ou de ressources « on n'y reçut que des rhétoriciens et des philosophes, avec deux professeurs qui enseignaient l'un les belles-lettres, l'autre la philosophie. » Parmi les élèves de ce temps, on trouve deux jeunes Anglais que la reine détrônée d'Angleterre — Marie-Béatrix-Éléonore d'Este, femme de Jacques II — avait confiés à l'évêque d'Autun; pour leur pension Louis XIV donna 700 livres. [5]

---

1. Feuillets Garnier.
2. A. P. S.
3. *Hist. de l'Égl. d'Autun*, 599.
4. Id.
5. Feuillets Garnier.

M. Jean Mallet, de Lénax (aujourd'hui dioc. de Moulins) avait succédé à l'abbé de Gimont, comme supérieur du petit séminaire, il était en même temps curé de Saint-Quentin.[1]

Par un codicille du 9 janvier 1703, passé devant MM. Valori et Frémont, notaires au Châtelet de Paris, M. le chanoine Gabriel Pillot de Fougerette légua au petit séminaire, qu'il avait jadis logé dans sa maison, la somme de mille livres.[2]

Le petit séminaire n'avait eu jusqu'alors qu'une installation provisoire. Mgr de Roquette désirait ardemment lui en trouver une qui fût définitive.

Il se démit de son évêché le 22 juillet 1702, après avoir obtenu pour successeur son parent Bertrand de Senaux, vicaire général depuis plus de vingt-cinq ans.

Le nouveau prélat, connu et vénéré dans le diocèse, fut sacré le dimanche du Bon-Pasteur, 6 avril 1704, dans l'église de Saint-Nazaire, par son vénérable prédécesseur assisté de l'évêque de Langres, François-Louis de Clermont-Ton-

---

[1]. Feuillets Garnier.
[2]. Elle ne fut versée que le 20 juin 1718, à M. Broquin, supérieur du grand séminaire, et employée *pour la sureté dudit petit séminaire* au payement d'une partie du prix de l'acquisition faite par MM. de Saint-Sulpice du domaine de la Verrerie, proche le pont Saint-Andoche. (A. P. S.) Le prix de ce domaine fut de neuf mille livres (Courtépée). Il était vendu par Messire François Rabyot du Seuil, et dame Jeanne Pillot de Fougerette, son épouse. (Arch. départ.)

nerre, et de l'évêque de Troyes, Denys-François II Bouthillier de Chavigny.[1]

Mgr de Senaux voulait se dévouer surtout au bien spirituel du diocèse : à sa prière, Mgr *l'Ancien* garda la gestion temporelle de l'évêché, et aida pendant trois ans encore son successeur, de son expérience et de ses conseils.

Les démarches qu'il fit dans l'intérêt du petit séminaire ne furent pas couronnées de succès. Le 2 janvier 1707 il était mort. Par suite de quelques difficultés, le chapitre de la cathédrale s'abstint de paraître à ses obsèques qui furent célébrées au grand séminaire. Le corps du fondateur fut inhumé dans la chapelle basse du côté de l'évangile.

Deux ans plus tard, Mgr de Senaux, qui habitait ordinairement le séminaire, vint à mourir, 30 avril 1709. Il fut aussi inhumé dans la chapelle basse du côté de l'épître.[2]

Les épreuves douloureuses que la France traversait, revers dans la guerre de succession d'Espagne, Oudenarde, Malplaquet, hiver meurtrier de 1709, ne permettaient pas d'espérer aboutir là où les efforts de Mgr de Roquette avaient échoué ; on s'arrêta à l'idée de réunir le petit au grand séminaire.

Cette union date du commencement de 1710 ;

---

1. Pignot, ouvr. cité, II, 514, 515.
2. Appendice III.

elle s'opéra par ordre de M. Dufeu, doyen de la cathédrale et vicaire général *sede vacante*.

Des meubles du petit séminaire, on fit en double un inventaire qui fut approuvé par MM. Ballard et Servet, chanoines de la cathédrale et confesseurs des élèves. M. Mallet et ses deux collaborateurs, MM. Pommier et Gougé, se transportèrent au grand séminaire ; ils avaient avec eux quatorze séminaristes, 28 janvier 1710. [1]

L'histoire du petit séminaire uni au grand n'offre guère de particularités remarquables : d'après un livre de comptes [2], qui s'arrête en 1712, le nombre des élèves avait augmenté d'un tiers ; la rentrée avait lieu le 18 octobre, c'était la date adoptée par le grand séminaire depuis 1696, auparavant on rentrait le 20 novembre ; la pension était de 12 sols par jour, et cela, dit un mémoire contemporain, était plus que suffisant. [3]

Dans une ordonnance de Mgr Charles-François d'Hallencourt de Droménil, 5 mai 1712, on voit que la fête patronale du séminaire était la Présentation

---

1. L'avoir du petit séminaire était restreint comme le nombre des étudiants ; en dehors des meubles et effets, il se montait à trois cents et quelques livres en argent. On les versa entre les mains de M. Fénard, qui les remit, *du moins en partie*, à M. Rassier économe. (Feuillets Garnier). La malice de cette réflexion nous échappe.

2. A. P. S.

3. Ce même livre de comptes indique M. Michel Baruet, de Beaune, comme économe au petit séminaire avant 1693 ; M. Barthélemy Gruyer, de Saulieu, comme professeur de philosophie, vers 1706 ; M. Nicolas Quesson, de Moulins, avec le même titre, en 1703.

de Notre-Seigneur au Temple, 2 février. Encore aujourd'hui le petit Séminaire garde cette fête ; le grand Séminaire après avoir longtemps fait de même, a pris en 1854, pour sa fête principale, la Présentation de la sainte Vierge.

Mgr d'Hallencourt fut transféré à Verdun en 1721. De son successeur Mgr Antoine-Fr. Blitersvich de Moncley (1721-1732), nous ne connaissons aucun acte se rapportant aux séminaires.

Gaspard Thomas de la Vallette, abbé de Figeac, nommé à l'évêché d'Autun en 1732, donna au au grand séminaire trente mille livres pour des pensions gratuites obtenues au concours. Il mourut le 10 juillet 1748, au séminaire des Missions étrangères.

L'année précédente le petit séminaire avait perdu M. Mallet, enfant du diocèse. Toute sa vie sacerdotale avait été vouée aux jeunes élèves du sanctuaire, à la direction desquels il demeura plus de cinquante ans. Il fut inhumé au grand séminaire, par M. Hamard, supérieur, le 25 avril 1747.

Après lui, M. Aulneau, du diocèse de Luçon, gradué de l'université d'Angers, fut chargé de la conduite des philosophes[1]. Il mourut le 15 mars 1752, à l'âge de 36 ans, et fut enterré dans la chapelle basse. [2]

---

1. Feuillets Garnier.
2. Reg. du grand Sémin.

Nous croyons que l'on peut compter parmi les élèves de philosophie, au temps de M. Mallet, Louis Legrand né le 12 juin 1711, à Lusigny en Bourgogne, qui, après des études faites à Autun, entra dans la société de Saint-Sulpice, professa la philosophie à Clermont, la théologie à Cambrai et Orléans : auteur de plusieurs ouvrages, il jouissait d'une grande réputation de sagacité et de lumière. Il mourut le 20 juillet 1780, à la maison d'Issy. [1]

Le 25 août 1748, Antoine Malvin de Montazet était nommé à l'évêché d'Autun : en 1757 il fut élu à l'Académie française ; le 11 octobre de la même année il rendit un décret portant extinction du couvent de Jacobines, rue Saint-Christophe, et transféra le petit séminaire dans les bâtiments qu'elles avaient occupé. Les religieuses âgées ou infirmes n'y étaient plus qu'au nombre de dix [2], la règle ne pouvait s'y observer, les offices se chanter.

Signalons en passant l'estime et la sollicitude de la municipalité autunoise pour le petit séminaire : les échevins et syndic d'Autun demandèrent qu'on le transférât, disant « que la jeunesse y trouve non seulement des maîtres pour l'instruire, mais que c'est une maison où l'étude devient nécessaire, et dans laquelle elle se forme

---

[1]. *Biogr.* Michaud.
[2]. *Epigr. aut.* II, 160.

en même temps à la piété ; que les études y sont de bon goût, et meilleures que dans aucune autre école du diocèse ; que les bâtiments du séminaire d'Autun suffisent à peine à loger les ecclésiastiques qui s'y préparent aux ordres, qu'on est obligé de refuser une partie des jeunes gens présentés par leurs parents pour y étudier la philosophie ; que ceux qui y sont admis sont même très mal logés, et relégués au troisième étage. » [1]

Les bâtiments, enclos, maisons attenantes ou appartenant audit monastère, ornements, vases sacrés, argenterie, effets d'église et de sacristie, les autres meubles furent — de l'autorité épiscopale — unis et annexés au petit séminaire d'Autun. [2]

Sa nouvelle résidence était appelée, au quinzième siècle, « la maison du grand saint Christofle », à cause d'une statue de ce saint placée dans la façade.

Cet immeuble occupait l'emplacement actuel des nos 7 et 9 de la rue Saint-Christophe, 1 de la rue Neuve et 1 de la rue du Vieux-Collège. [3] « C'était là que d'ancienneté on tenait l'escolle. » La ville d'Autun en avait fait acquisition pour le collège en 1583. Les Jésuites qui y avaient enseigné depuis 1618, le vendirent aux Dominicaines

---

1. Papiers Devoucoux au grand Séminaire.
2. Id.
3. *Autun et ses Monum*, 340.

ou Jacobines en 1683 ; elles y séjournèrent jusqu'à l'acte épiscopal qui décrétait leur extinction. [1]

Le petit séminaire devait l'occuper environ 24 ans.

Le premier supérieur fut M. Pierre Chevalier [2] ; remplacé en 1759 par M. Antoine Hauthier de Villemonté, bachelier en théologie, qui garda cette charge jusqu'en 1770.

Le souvenir de plusieurs actes de son administration a été conservé : le 16 novembre 1763, il prenait à bail, pour les congés des séminaristes, un domaine appelé le Petit-Collège, et situé au commencement et à droite du chemin qui mène du faubourg Saint-Blaise à Rivaux, aujourd'hui le boulevard Malakof. Le 17 octobre 1764, M. de Villemonté avec MM. Etienne Meussot et Vivant Moreau, prêtres, docteurs, et composant la communauté du petit séminaire, ainsi que leurs héritiers et ayant cause, étaient inscrits pour une rente de 740 livres 14 sols [3] qui leur venait des Jacobines auxquelles elle avait été léguée par Isabelle Bailly. [4]

En 1767, les États de Bourgogne accordaient au petit séminaire l'exemption des droits d'entrée et d'octroi [5]. La même année M. de Villemonté

---

1. *Autun et ses Monum.*, 340 et 341.
2. M. Duchêne, dans la première rédaction de sa notice.
3. A. P. S.
4. *Epigr. aut.* II, 161.
5. Courtépée, II, 528.

louait l'auberge de la Maison-de-Bourgogne à la famille Deméru ou de Méru.[1]

Le nombre des étudiants était relativement considérable ; Courtépée dont l'ouvrage parut en 1774, donne au petit séminaire plus de soixante élèves.[2]

Le nom de quelques-uns de ces élèves a été sauvé de l'oubli. On a nommé le fameux Gaspard Monge, de Beaune (1746-1818), qui, professeur de physique à 16 ans, chez les Oratoriens de Lyon, aurait été quelque temps au petit séminaire d'Autun[3] ; nous nous permettons de révoquer en doute le bien fondé de cette affirmation. Un professeur de philosophie du nom de *Monge* était encore au petit séminaire en 1789[4] ; on a dû confondre. Jean-Marie Monge, de Beaune, fait prêtre en 1789, fut égorgé aux Carmes, le 2 septembre 1792.[5]

Ensuite, l'abbé Nicolas Roze, né au Bourgneuf en 1745. De Beaune, où il était élève des Oratoriens, il était venu à Autun, probablement au petit séminaire, et certainement au grand. Il était prêtre en 1769 ; successivement directeur des maîtrises de Beaune, d'Angers, des Saints-Innocents à Paris, il fut nommé bibliothécaire du

---

1. Note Duchêne.
2. II, 528.
3. *Sem. relig. d'Autun*, 1884, p. 411.
4. Registre Saulnier, au gr. Sém.
5. Registres de l'Évêché.

Conservatoire en 1817, et mourut deux ans après à Saint-Mandé.[1]

Mentionnons maintenant deux frères : François-Claude Carnot (1752-1835) qui fut conseiller à la cour de cassation, membre de l'Académie des sciences morales et politiques ; et Lazare Carnot, assez connu par ailleurs, pour qu'ici les détails soient inutiles. Son cours de philosophie se termina par la soutenance d'une thèse où il fit preuve de crânerie et de savoir[2] : c'était vers 1770.[3]

Enfin, l'abbé Nicolas Bertrand, né à Autun en 1755, était très probablement élève du séminaire de philosophie, lorsque l'évêque d'Autun, charmé de son mérite, l'envoya continuer ses études à Paris, où il fut reçu bachelier en théologie. Prêtre et vicaire de Braux non loin de Semur-en-Auxois, ses aptitudes scientifiques le firent nommer directeur de l'observatoire établi dans la tour du Logis du Roi, à Dijon, puis professeur de physique au collège et membre de l'Académie de cette ville[4] ; il accompagna d'Entrecasteaux dans son voyage à la recherche de la Pérouse, et

---

1. *Sem. relig.* 1884, 777.
2. *Autun et ses Monum.*, 465. Citation des Mémoires sur Carnot, par son fils.
3. Dans le livre de comptes du grand séminaire, que nous avons cité, on trouve trois Carnot : *Lazare*, prêtre le 7 mars 1693, vicaire de Nolay ; *Gaspard*, chanoine de Nuits, ordonné prêtre à Langres vers 1706 ; *Edme*, qui fit partie d'une ordination à Chalon, 19 décembre 1709. (A. P. S.).
4. Il fit avec Guyton de Morveau un voyage aérien, le cinquième dont l'histoire fasse mention.

mourut d'épuisement au cap de Bonne-Espérance, en avril 1792.[1]

En 1771 M. Étienne Thonier du Bouchat ou DuBouchat remplaça comme supérieur M. de Villemonté. Après un peu plus de dix ans de charge, il eut à opérer une nouvelle translation du petit séminaire.

Cette translation fut décidée le 30 mars 1782, par Mgr Yves-Alexandre de Marbeuf[2]. Ce prélat, né à Rennes en 1732, nommé évêque d'Autun en 1767, en remplacement de M. de Montazet promu à l'archevêché de Lyon, montra combien il avait à cœur l'œuvre des séminaires.[3]

Au grand, il avait réuni les revenus des Ursulines de Moulins supprimées, et ceux du prieuré de Champ-Chanoux; dans les bâtiments il fit des améliorations et décorations, qui devaient lui mériter le titre de *domus reparator;* il y sacrifia ses appartements et un magnifique salon pour des infirmeries[4]. Il fit obtenir au petit séminaire la mense monacale du prieuré de Perrecy, et les revenus qui étaient de 8,000 livres, année commune[5], fournissaient des pensions aux jeunes étudiants.[6]

---

1. *Biog.* Michaud (Weiss) et *Sem. relig.* 1885, p. 45 et suiv.
2. *Epigr. aut.* II, 195.
3. Mgr de Marbeuf était le frère aîné du gouverneur de Corse qui fit placer au collège d'Autun les trois fils de Charles Bonaparte : Joseph, Napoléon, Lucien.
4. Courtépée, II, 495 et 527.
5. A. P. S.
6. Courtépée, II, 495.

Le local où le petit séminaire allait être transporté était celui de l'hôpital du Saint-Esprit ou de Saint-Antoine, dont la fondation datait au moins du douzième siècle[1]. C'est aujourd'hui le grand Séminaire.

En 1767, *sur la demande des quelques* religieuses qui s'y trouvaient encore — depuis 1754 elles ne pouvaient plus admettre de novices — et qui étaient devenues vieilles, caduques et hors d'état de veiller sur les pauvres, les malades furent transportés à l'hôpital Saint-Gabriel[2]. Les sœurs de Sainte-Marthe y conservèrent leur logement.

Malgré leur demande de 1767, malgré les pensions qu'on leur donnait, et la faculté pour elles de se retirer dans une communauté de leur choix, il fut pénible aux hospitalières de quitter leur maison. Lorsque le supérieur du petit séminaire s'y présenta, une sœur de la cuisine s'arma de la broche à rôtir, et menaça de le percer[3]. La menace n'était pas sérieuse, M. Dubouchat, cependant, allait avoir un sort tragique : comme on coupait des arbres dans l'emplacement du champ de récréation, une branche tomba sur le pauvre supérieur et le tua net[4]. Cette mort causa une grande sensation dans la ville.[5]

Son successeur fut M. Jacques-Claude Saulnier,

1. *Epigr. aut.* II, 188.
2. *Epigr. aut.* II, 194.
3. Notes de M. Lenoble.
4. Idem.
5. Note Gallice ; c'était le 13 mars 1782, registre Saulnier G. S.

né en 1744 au diocèse de Bourges[1], bachelier de Sorbonne et docteur de Valence, sulpicien depuis 1768, professeur naguère de philosophie et de théologie à Autun ; installé le 24 mars, dimanche des Rameaux, il devait rendre encore de grands et longs services, aux séminaires et au diocèse.

L'ordonnance de Mgr de Marbeuf attribuait à la paroisse Saint-Pancrace, l'emplacement de l'église conventuelle de Saint-Antoine et celui des salles des malades pour y construire une nouvelle église[2], les autres bâtiments, l'enclos et les jardins appartenaient au petit séminaire[3]. La translation effective du séminaire eut lieu en octobre 1783.[4]

L'entretien de ces bâtiments avait été forcément négligé, il fallait d'ailleurs les approprier à leur destination nouvelle. Dûment autorisé par la chambre ecclésiastique qui en délibéra les 14 avril et 12 mai 1782, M. Saulnier avait emprunté vingt-quatre mille livres qui ne suffirent pas ; une autre autorisation lui fut donnée le 6 mars 1783, d'emprunter vingt mille huit cent vingt-cinq livres, somme reconnue nécessaire pour parachever les réparations.[5]

---

1. Les papiers de M. Lenoble, et aussi un registre de l'évêché disent « aux environs de Moulins. »
2. Le projet ne fut pas exécuté. Cet emplacement est aujourd'hui celui de la maison de Thy.
3. *Epigr.* II, 254.
4. Registre Saulnier, G. Sém.
5. Archives petit Sém.

Le 7 février 1786, M. Saulnier vendait à la paroisse d'Aubigny-la-Ronce, « une cloche cy-devant à l'usage de l'ancienne église Saint-Antoine, » pour une somme totale de 817 livres 13 sols, qui devait être payée tous les ans, par sixième, à partir de janvier 1787. Trois paiements sont mentionnés au bas de l'acte de vente pour 1787-1788-1789 [1]. Cette cloche a été brisée en 1808. [2]

M. de Montazet qu'on appelait à Lyon le patron des jansénistes, étant mort le 3 mai 1788, eut pour successeur Mgr de Marbeuf, qui continua à administrer le diocèse d'Autun jusqu'à la nomination du trop fameux Talleyrand.

Le dernier jour du mois de novembre 1788, Louis XVI, dont la religion avait été surprise, et qui se disait « très bien informé des bonne vie et mœurs, piété, doctrine, etc., qui sont en la personne du sieur Charles-Maurice de Talleyrand-Périgord », Louis XVI lui accordait l'évêché d'Autun. [3]

Sacré dans la chapelle de la *Solitude* à Issy, par Mgr Grimaldi, prince de Monaco, évêque de Noyon, le nouvel évêque vint personnellement prendre possession de son siège le 15 mars 1789. [4]

Il voulu être l'élu de son clergé aux États

1. A. P. S.
2. *Epigr.* II, 195.
3. Papiers Devoucoux, au gr. Sém.
4. *Persécution religieuse*, M. Muguet, p. 11.

généraux dont la réunion était fixée au mois de de mai. Les électeurs des bailliages d'Autun, Montcenis, Bourbon-Lancy et Semur-en-Brionnais se réunirent au petit séminaire.

Pour faire triompher sa candidature, M. de Talleyrand allait les visiter tous les jours. Il avait recommandé à M. Saulnier de les traiter avec les plus grands égards. Dans une de ces visites, faisant allusion à sa sortie peu honorable de Saint-Sulpice : « Eh bien ! M. le supérieur, lui dit-il, autrefois on ne voulait pas de moi comme séminariste, aujourd'hui me voilà votre évêque ! — Je souhaite, repartit M. Saulnier, que vous soyez meilleur évêque que vous n'avez été séminariste. » [1]

Son élection obtenue [2], Talleyrand partit pour Paris, en avril 1789, peut-être le jour même de Pâques, et Autun ne revit plus son triste évêque. [3]

M. Lebas de La Londe, supérieur du grand séminaire, étant mort le 24 janvier 1790, fut remplacé par M. Saulnier (23 février), qui reçut des lettres de grand vicaire datées de Paris le 21 avril ; dès le 27 du même mois il assista au conseil.

1. *Id.* 208.
2. Ce qui fit pencher la balance en sa faveur, ce fut le vote des sulpiciens. (Papiers Lenoble.)
3. En 1805, pendant qu'il se rendait à Milan, un accident de voiture obligea le futur duc de Bénévent de s'arrêter quelques heures à l'hôtel de la Poste. Il s'informa de M. Roché, ancien curé de Saint-Pancrace et son concurrent pour les États généraux. On lui répondit : « M. Roché célèbre la messe. — Il est bien heureux, » reprit Talleyrand. (*Persécution religieuse*, 125.)

Le supérieur du petit séminaire fut M. Claude-Joseph Jouffret de Bonnefont, originaire de Gannat.

Tous les deux devaient, après un peu plus d'un an, être forcés de subir le triomphe de l'iniquité, et se voir chassés de leur demeure par le schisme constitutionnel [1].

Le 20 janvier 1791, Talleyrand donna au roi, et non au pape, sa démission de l'évêché d'Autun. Cette démission était nulle de plein droit, le parjure et la défection y trouvaient leur compte. Peu après, il ajoutait à toutes les fautes dont il s'était rendu coupable, un attentat sacrilège en imposant les mains aux deux intrus *Expilly* et *Marolles*, et encourait la peine de suspense pour toutes les fonctions de son ordre. [2]

L'œuvre néfaste allait se continuant : des électeurs *civils,* venus à Mâcon de tout le département, nommèrent un évêque de Saône-et-Loire. C'était Jean-Louis Gouttes, né à Tulle, le 21 décembre 1739. Il devint curé d'Argelliers au diocèse de Narbonne en 1785. Là il fut nommé, par le clergé de la sénéchaussée de Béziers, député aux États généraux ; y appuya la motion de Talleyrand qui mettait les biens ecclésiastiques *à la disposition de la nation,* et vota la constitution civile du clergé.

---

[1]. La constitution civile du clergé est du 12 juillet 1790 ; elle fut promulguée le 24 août.

[2]. Lettre du cardinal Zelada aux vicaires généraux d'Autun.

Sacré le dimanche 3 avril 1791 par Lamourette, évêque de Rhône-et-Loire, il annonça son arrivée à Autun, pour le jeudi 7 du même mois.

L'évêque de Saône-et-Loire, escorté de la garde nationale, s'en alla visiter les séminaires : au grand, M. Saulnier le prévint que le saint Sacrement n'était plus à la chapelle : « Vous me traitez en ennemi, » s'écria Gouttes. Silence du supérieur : la mesure prise parlait suffisamment.

Les jeunes philosophes du petit séminaire aussi, mais à leur façon, accueillirent l'intrus comme il le méritait. « Les écoliers, dit une pièce officielle émanée du directoire d'Autun, ont insulté Mgr l'Évêque. »[1]

Les élèves des deux séminaires partirent les 20, 21 et 22 avril ; parmi eux se trouvait, a-t-on dit, Junot (Andoche) futur duc d'Abrantès ; né à Bussy-le-Grand en 1771, mort à Montbard le 29 juillet 1813, il aurait été, au petit séminaire, le condisciple, et au grand le conchambrier de M. Méhu, mort curé de Dyo en 1848, avec lequel il aurait conservé des relations[2]. M. Méhu était élève au petit séminaire en novembre 1785 ; le registre de M. Saulnier indique un « Junot » en novembre 1782 et 1783. Était-ce Junot *la Tempête ?*

1. *Persec. rel.* 153 et 478.
2. *Semaine religieuse*, 1884, p. 583. (M. Burdin, curé de Dyo (1898) bien au courant de la vie de son prédécesseur, ne sait rien de ses rapports avec l'aide-de-camp de Bonaparte.)

Nous en doutons fort, il n'avait alors que onze ou douze ans.

Tous les professeurs refusèrent de prêter le serment schismatique.

Au grand séminaire il y avait : MM. Saulnier, supérieur et vicaire général, Piard, Verdier, Malard, Terrasse et Rivière. [1]

Ceux du petit séminaire étaient : MM. Julien Lesplu-Dupré, prêtre du diocèse d'Avranches, professeur de physique; il partit pour son pays le 1er mai; — Pierre-Amable Bonnardel, clerc du diocèse d'Embrun, chargé des conférences de logique; il se retira dans son diocèse le 6 mai; — Jean-Pierre Lestrade, sous-diacre du diocèse de Blois, professeur de logique; il regagna son pays le 7 mai; — Charles-Étienne Magnien, prêtre; sans appartenir à la société de Saint-Sulpice il avait été maître de conférences et, à partir du mois d'août 1788, directeur de la maison.

Arrêtons-nous quelques instants à ce dernier trop oublié même par ses compatriotes; son souvenir est des plus précieux pour notre petit Séminaire :

Né à Charolles le 28 novembre 1759, où son père était échevin, M. Magnien, arraché par la Révolution à son ministère d'enseignement, eut le

---

1. Ces noms se trouvent à la fin d'un mémoire adressé par ces Messieurs, le 10 février 1791, aux administrateurs du district d'Autun. (Archives départ.)

courage de se rendre à Paris, où bravant toute espèce de dangers, il rendit spécialement les plus grands services à de nombreux prisonniers. D'après les témoignages recueillis par M. G. Lenotre [1], il est absolument avéré qu'il put pénétrer à la Conciergerie et communier la reine de France.

Au retour de la paix religieuse, M. Magnien eut l'intention de partir comme missionnaire pour les pays étrangers. Obligé de renoncer à ce dessein il fut plus de vingt ans vicaire à Saint-Roch. Devenu curé de Saint-Germain-l'Auxerrois il eut la douleur de voir, le 14 février 1831, à l'occasion d'un service pour le duc de Berry, son église, la vieille paroisse des rois, ainsi que son presbytère, saccagés par une populace ameutée [2]. Il est mort à Paris le 12 juin 1843, âgé de 84 ans.

Un commandant abandonne le dernier son navire en perdition : les supérieurs du grand et du petit séminaire voulurent demeurer à leur poste tant que leur présence pourrait être utile ; ils se retirèrent seulement lorsque tous leurs collègues et élèves furent partis.

Le 10 mai 1791, les deux séminaires étaient vides. Le 12 juin, la municipalité, après avoir entendu un rapport élogieux du petit séminaire

---

1. *La Captivité et la Mort de Marie-Antoinette*, Perrin et Cie, 1897.
2. En 1825, le 22 août, il envoyait au petit Séminaire 600 francs, « en dédommagement des frais faits pour l'éducation de M. Robillon son neveu. » (Registres P. S.)

et adopté ses motifs, demanda au département comme nécessaire la conservation de cet établissement. Cette demande ne fut pas écoutée, mais elle montre l'état des esprits en pleine ferveur constitutionnelle.[1]

M. Saulnier se réfugia durant quelques années dans les États de l'Église. Longtemps avant la fin des dangers, il revint à Autun continuer son œuvre de dévouement.

M. de Bonnefont, resté à Autun et dans les environs pour le service des âmes, fut arrêté en 1793, conduit à Mâcon et condamné à être déporté à la Guyane. Dirigé sur Rochefort et embarqué sur le navire *les Deux Associés,* ses vertus édifièrent ses compagnons, jusqu'à sa mort amenée par des privations de tout genre, 10 août 1794. Il avait 42 ans; on l'inhuma dans l'île d'Aix.[2]

Henri-Auguste-Louis de Roquette était mort, « véritable martyr de la charité »; Claude-Joseph Jouffret de Bonnefont fut un vrai martyr de la foi. L'un a ouvert, et l'autre a clos dignement la première partie des souvenirs du petit séminaire.

Honneur à leur sainte mémoire !

---

[1]. V. *Mém. de la Société Éduenne,* t. XXIII. *J.-L. Goultes,* etc, par M. A. de Charmasse.
[2]. *Persécution religieuse,* II, 408.

DE LA SUPPRESSION AU RÉTABLISSEMENT

I

Dans les deux établissements diocésains, on avait dit au faux pasteur : *Vade retro!* Voyons comment il s'y prit pour se faire un séminaire constitutionnel.

L'évêque schismatique, en se réservant d'y exercer les fonctions de professeur, appela à son aide trois étrangers : J.-Antoine Fairin, avec le titre de supérieur; Hector Charmot et J.-B. Léautier — ex-oratorien, né à Barcelonnette ; — ils s'intitulaient vice-directeurs, ainsi que J.-André Olivier, auparavant curé prieur de Sainte-Marie, à Chalon, qui était en même temps vicaire épiscopal de Gouttes.

Pour avoir des élèves on attira au séminaire des jeunes gens indignes, ou qui tout au moins n'avaient pas l'intelligence du vrai sacerdoce.

Maîtres et disciples crurent qu'il leur fallait, pour réussir, avoir l'appui authentique des Jacobins du lieu : « Le 11 avril 1792, an IV de la Liberté, le directeur du séminaire, Fairin, est entré à la tête des jeunes ecclésiastiques confiés à ses soins, et a prononcé en leur nom le serment civique, aux applaudissements de tous les membres et des tribunes ; il a été arrêté que ce trait de civisme serait consigné au procès-verbal avec mention honorable. » [1]

Aux jours d'ordination, — il y en eut deux, — avant de se rendre à la cathédrale, ces étranges lévites faisaient une halte vers l'autel de la Patrie, (dans les registres de la Société populaire on lit : *Hôtel de la Patrie*) pour exécuter des chants patriotiques et prêter serment à la constitution civile du clergé. [2]

Cette caricature de séminaire ne dura pas longtemps : d'après un document officiel, à la rentrée de 1792 il y avait cinq élèves ; le 13 mars 1793, il n'en restait pas un seul.

D'ailleurs la proscription totale du christianisme n'était pas loin.

Fairin et Léautier avaient été reçus membres de la Société populaire : le 1er mai 1792 « la pluralité des suffrages porta à la présidence le *frère* Fairin, supérieur du séminaire ; » sa signature

---

1. *Registre des délib. de la Soc. popul.*
2. *Persécution relig.* II, 472.

se trouve au bas des procès-verbaux pendant un mois.

La veille, 30 avril, le citoyen J.-Antoine Fairin, supérieur, et le citoyen J.-B. Léautier, vice-directeur et économe, avaient fait un compte rendu du séminaire à partir de janvier 1792. [1]

Le 5 septembre, Fairin était nommé commissaire pour agir contre les prêtres insermentés de Bourbon-Lancy.

Le 24 du même mois, tous deux s'engageaient comme volontaires dans un régiment : Fairin disparait de la scène; Léautier, de retour à Autun, après une courte absence, reprend ses fonctions d'économe au séminaire ; on ne sait pas ce que devint Charmot.

Le 20 novembre 1793, 30 brumaire an II, Léautier va aux Jacobins « faire son abjuration du métier de prêtre, et proclamer que l'amour de son pays est la plus sainte des religions, et le seul culte agréable à l'Être suprême. »

A la séance du 10 décembre 1793, 8 frimaire an II, Léautier et le fameux Lanneau « annoncent qu'ils contribueront de *leurs cotes parts* (sic) à l'auto-da-fé — en l'honneur de la Raison — par leurs bréviaires qui sont tout neufs, puisqu'ils n'ont jamais servi. » [2]

Cependant le citoyen Léautier reste économe

---

1. Archives départ.
2. *Registre de la Soc. pop.*

des deniers de la caisse du séminaire, et en cette qualité il signe un compte rendu le 26 décembre 1793, 6 nivôse de l'an II de la République française une et indivisible. [1]

Les deux apostats avaient pris femme ; Lanneau, maire d'Autun, depuis le 17 septembre 1792, y fut un agent déterminé de la Terreur ; après la mort de Robespierre il alla se cacher à Paris, fut emprisonné sur la plainte de ses anciens administrés ; il dut à une haute intervention, — celle de Carnot, — d'échapper au supplice. Pour Léautier, le 2 thermidor an II, 20 juillet 1794, il fut chassé de la Société populaire, avec tous les prêtres apostats qui en faisaient partie ; plus tard il devint instituteur à Saint-Emiland.

Olivier mourut avant 1801, laissant des doutes sur sa foi.

Tels sont les tristes souvenirs légués par les directeurs du séminaire schismatique.

Le pseudo-évêque, dénoncé comme fédéraliste, par son vicaire épiscopal Lanneau, fut incarcéré à Autun d'abord, puis à Mâcon et enfin à Paris, où il monta sur l'échafaud le 26 mars 1794.

Il avait eu le bonheur de se réconcilier avec Dieu, par le ministère de M. Emery. [2]

---

1. Archives départ.
2. *Perséc. religieuse*, II, passim.

II

Les biens du clergé, sur la proposition de Talleyrand, avaient été déclarés propriétés nationales, ou plutôt mis à la disposition de la nation, 2 novembre 1789. Nous allons dire quel fut le sort des deux séminaires à Autun.

Pour celui de la rue Saint-Antoine, quelques lignes suffiront; s'il est vrai qu'il a servi parfois aux séances du district[1], il est pourtant certain qu'il demeura à peu près inoccupé, du 10 mai 1791, où M. de Bonnefont s'en éloigna, pour n'avoir rien de commun avec le schisme, jusqu'au 2 mai 1793.

La nuit précédente, un incendie avait éclaté au collège. Lanneau et les Jacobins furent accusés par l'opinion publique d'en avoir été les auteurs; il n'y eut pas d'information judiciaire, et on transféra provisoirement les classes dans les bâtiments du petit séminaire. Lorsque Autun fut désigné pour avoir une École centrale[2], on l'établit dans les deux séminaires à la fois; les professeurs pouvaient aussi y prendre logement, mais à leurs frais.

L'histoire naturelle faisant partie du programme

---

1. *Persécution relig.*, 481.
2. Les écoles centrales étaient dues à la loi du 7 ventôse an III, 15 fév. 1795, réformée par celle du 3 brumaire an IV, 25 oct. 1795. Les lycées leur succédèrent, loi du 10 floréal an X, 1 mai 1802.

de ces écoles, l'enclos du petit séminaire fut converti en jardin botanique. Au mois d'août 1799 « il y avait au petit séminaire un jardin fort riche en plantes rares. »

Après la suppression des écoles centrales, le gouvernement consulaire prit un arrêté (19 prairial an XI, 8 juin 1803) par lequel le préfet de Saône-et-Loire était autorisé à mettre à la disposition de Mgr de Fontanges la propriété de la rue Saint-Antoine, pour son séminaire.

M. Saulnier, revenu à Autun dès 1797, s'installa à la fin d'octobre dans la maison restituée, hâta les réparations et prépara la rentrée des directeurs et des élèves. Peu nombreux d'abord, les étudiants ecclésiastiques étaient de force très différente ; l'enseignement s'étendait de la septième à la théologie inclusivement. En 1813 les classes de grammaire y existaient encore. [1]

Aussitôt installé, M. Saulnier y avait transporté les restes des deux évêques inhumés dans l'ancien grand séminaire. [2]

L'établissement que le diocèse devait à la libéralité et au zèle de Mgr de Roquette était réservé à de plus étranges vicissitudes.

En 1792 et dans les premiers mois de l'année suivante, il abrita le séminaire *constitutionnel*.

---

1. Pap. Lenoble et Arch. Ev.
2. Appendice IV.

Les élèves, nous l'avons dit, y furent peu nombreux; des directeurs tels que nous les connaissons ne devaient pas tenir à la dignité du culte, ni même aux droits du séminaire; ils laissèrent inventorier par la municipalité l'argenterie de la chapelle pesant ensemble 31 marcs 3 onces et 6 gros. Elle fut déposée provisoirement, le 15 janvier 1793, dans le trésor de l'église de Saint-Lazare.[1]

Autun avait, depuis le 22 juillet 1792, son autel de la Patrie. « Ce monument à l'origine, — dit un auteur ami de ces sortes de choses,[2] — n'était qu'une butte de terre terminée par un autel très simple » sur lequel, hélas! on a parfois dit la messe. Plus tard on y érigea une statue de la Liberté. Après les dons plus ou moins volontaires et patriotiques, on y apporta les dépouilles de la cathédrale, et enfin, lorsque la terrasse du Champ-de-Mars fut plantée des tilleuls que M. de la Londe avait mis en bordure, le long du chemin qui va depuis le fossé jusqu'à la cour d'entrée du séminaire, 7 frimaire an II, 27 novembre 1793, ceux qui étaient de reste, ainsi que d'autres pris dans la cour du ci-devant petit séminaire, allèrent terminer l'ornementation de l'autel de la Patrie, devenu tout à fait païen.

Après la fête de la Raison, 20 frimaire an II,

---

1. Délibérations de l'hôtel de ville de 1792 à 1793, fol. 21.
2. Ch. Le Téo, *Études sur la Révolution à Autun*, p. 13 et 17.

10 décembre 1793, il ne pouvait plus être question de garder un séminaire : lorsque Gouttes eut été incarcéré, 18 nivôse an II, 8 janvier 1794, l'immeuble fut abandonné.

Huit mois se passèrent sans qu'il fût utilisé. Enfin la municipalité, après mûre délibération, désigna le *ci-devant* grand séminaire « comme le local le plus propre et le plus convenable pour traiter les galeux de l'étendue du district [1]. » Pour un motif ou un autre le projet ne reçut pas d'exécution.

Bientôt enclos et bâtiments furent livrés au pillage. Le citoyen Laprès, seul gardien [2], était impuissant à arrêter les dévastations ; il y avait une porte extérieure qui ne fermait pas et, de nuit comme de jour, permettait à quiconque de s'introduire sur les terrasses et de là dans la maison.

Dès le 2 nivôse an III, 22 décembre 1794, le citoyen Nardon, agent national du district, dans un rapport au comité d'instruction publique, regrettait la disparition de la superbe allée de tilleuls, dont nous avons parlé, et signalait les dégâts faits au séminaire, entre autres l'enlèvement de la grille qui fermait la cour d'honneur. [3]

Des prisonniers de guerre, des déserteurs, des troupes de passage, y furent ensuite logés. Il y avait naguère encore, dans un appartement

---

1. Séance du 11 frimaire an III, 1er décembre 1794.
2. Papiers de M. H. de Fontenay.
3. *Persécut. relig.* II, 375.

sous les combles, le nom gravé au couteau d'un capitaine de dragons, Tronchin. A deux reprises, en 1796 et 1797, la grille sur la route de Chalon fut brisée et volée; les charmilles de Lemoine furent coupées et vendues comme bois de chauffage. Le reste fut brûlé par les occupants. Pendant que le rez-de-chaussée et le premier étage étaient relativement respectés, au second et au troisième les gâches des portes étaient enlevées, les cloisons en partie détruites : planchers et carrelages avaient disparu. Un mot du gardien résume tout : « La maison fut démantibulée. »

Lorsque la fondation d'une école centrale à Autun eut été résolue, un arrêté du 21 pluviôse an IV, 10 février 1796, lui affecta « les deux maisons connues sous les noms de grand et petit séminaire. » On y transporta les bancs et le mobilier du collège; quelques professeurs, entre autres le citoyen Paillet, essayèrent de s'installer dans l'immeuble démantibulé de la porte des Marbres, mais ils n'y restèrent pas longtemps. Au mois de vendémiaire an VI, septembre 1797, il fut transformé en magasin de grains et de fourrages, ce qui produisit de nouveaux dégâts : plusieurs poutres surchargées cassèrent. Il fut question de le vendre en détail, et déjà l'administration centrale avait nommé des experts pour procéder à l'estimation et à la division. La commune réclama, 12 fructidor an VI, 19 août 1798, et ses plaintes furent écoutées.

L'année suivante on amodia les jardins; peu après ils furent affectés ainsi que les terrasses à la sénatorerie de Dijon dont le titulaire était François de Neufchâteau, qui devait en jouir jusqu'en 1813. Il en tirait 600 francs de revenu.

Le bâtiment était dans un état tel, que des soldats à qui on l'avait assigné pour logement, aux premiers mois de l'an XI, ne purent y demeurer qu'après des réparations ordonnées d'urgence par la municipalité.

Il fut de nouveau évacué le 17 prairial an XI, 6 juin 1803, et les habitants qui avaient prêté des lits recevaient l'ordre de les retirer.[1]

Le 21 germinal an XIII, 11 avril 1805, un décret impérial établissait dans une moitié de l'ancien grand séminaire d'Autun, le séminaire métropolitain de la province de Besançon, dont le diocèse d'Autun faisait partie, en suite du décret-bulle *Cum sanctissimus* rendu par le cardinal Caprara; l'autre moitié était affectée à l'école secondaire communale.

Le projet des séminaires métropolitains fut abandonné. De son côté la ville ne crut pas devoir accepter l'offre qu'on lui avait faite.

A la fin de cette année 1805, le séminaire fut assigné comme séjour à de nombreux Autrichiens faits prisonniers en vertu de la capitulation

---

[1]. *Epigraphie autunoise*, II, 232 à 234, et notice lue par M. Duchêne en 1863.

d'Ulm; ils y étaient encore au commencement de 1806.

Au dévouement des religieuses de l'hôpital s'ajouta celui des particuliers, lorsque le typhus éclata parmi ces malheureux. Mgr de Fontanges, étant le seul confesseur qui pût entendre leur langue, se mit tout entier au service des malades; on le vit essayer d'en réchauffer un en l'enveloppant de son manteau; lui-même fut atteint par la contagion, et, le 26 janvier 1806, il mourait d'une des plus belles morts qui puisse couronner une vie de saint évêque. [1]

Il avait entamé avec le gouvernement, pour le retour du séminaire au diocèse, des négociations qui aboutirent seulement plusieurs années après la mort du vénérable prélat. [2]

Le lendemain du jour où l'empereur lançait de Lyon son décret sur les séminaires métropolitains, Mgr de Fontanges se trouvait à Chalon avec le souverain Pontife Pie VII qui, en retournant à Rome, avait traversé Autun et allait passer les derniers jours de la semaine sainte et le dimanche de Pâques, 14 avril 1805, avec cet ancien archevêque de Toulouse, l'un des premiers qui lui offrirent généreusement cette démission que le Pape avait demandée aux évêques d'avant la Révolution, pour le plus grand bien de l'Église.

---

1. Notice Duchêne, et la *R. M. Javouhey*, par le P. Delaplace I, 160.
2. *Épigraphe autunoise*, II, passim. et notice de M. Duchêne, 1863.

A l'une des audiences pontificales l'archevêque-évêque vit peut-être quatre jeunes filles qui, après avoir communié de la main de Pie VII, lui furent présentées dans leur modeste costume de paysannes. Ces inconnues étaient Anne-Marie Javouhey, fondatrice bientôt de la congrégation de Saint-Joseph de Cluny, avec ses trois sœurs.[1]

La société qu'elle voulait établir pour l'instruction des jeunes gens et des jeunes personnes devait comprendre des hommes et des femmes; les premières tentatives faites à Seurre et à Dôle n'avaient pas été couronnées de succès. A Chalon elles devaient mieux réussir.

Pour connaitre plus sûrement la volonté de Dieu, Anne Javouhey partit bientôt pour Autun, afin de consulter le chef du diocèse. En passant devant l'ancien grand séminaire, « si je pouvais avoir ces bâtiments, s'écria-t-elle, comme j'en tirerais parti! » Mgr de Fontanges, après l'avoir entendue, mai 1805, ne put que l'exhorter à continuer courageusement l'œuvre commencée à Chalon.[2]

La mort du prélat affligea profondément Anne Javouhey; mais elle trouva le meilleur accueil auprès de Mgr Imberties qui, d'accord avec le baron de Roujoux, préfet de Saône-et-Loire,

---

1. *La R. M. Javouhey*, I, 147
2. Id., 150.

appuya la demande d'autorisation légale du nouvel institut.

Le 12 décembre 1806, au camp de Posen, Napoléon autorisa par décret « l'association religieuse formée dans le diocèse d'Autun, sous le nom de Saint-Joseph, dans le but de former les enfants des deux sexes au travail, aux bonnes mœurs et aux vertus chrétiennes[1]. » La fondatrice et ses trois sœurs firent leurs vœux, 12 mai 1807, à Chalon, entre les mains de Mgr Imberties, qui bientôt désira avoir à Autun même la maison principale des sœurs de Saint-Joseph. L'autorité civile partageant ces avis, l'évêque en écrivit, le 12 novembre 1807, à Portalis, qui accorda à la Mère Javouhey la jouissance provisoire des bâtiments qu'elle avait aperçus et désirés, dans son premier voyage à Autun.

Elle y entra à la fin de 1807, et commença les réparations et aménagements nécessaires ; bientôt des métiers à filer et tisser la soie fonctionnèrent dans l'ancienne crypte ; ailleurs il y eut des classes et même un pensionnat de petites filles. Dans l'aile de l'Évêché, un de ses parents, M. Bernard, naguère élève des trappistes de la Val-Sainte, aidé de quelques jeunes gens bien posés de la ville, ouvrit une école pour de petits garçons[2]. M. Vieillard, mort curé de Lucenay-l'Évêque,

---

1. *La R. M. Javouhey*, I, 173, 192, 204.
2. Id., 210 et suiv.

19 décembre 1870, fut un des élèves de M. Bernard.

A cette école, M. Ballanche, vicaire de la cathédrale, amena les élèves qu'il avait réunis dans sa maison de la rue aux Rats, pour leur enseigner le latin et préparer à la carrière ecclésiastique ceux qui en auraient l'attrait. C'est « un séminaire que M. Ballanche établit, » écrivait la Mère Javouhey. C'en était du moins l'espérance. M. le chanoine Blanchet, aumônier volontaire de la nouvelle communauté, lui obtint de la fabrique de la cathédrale une cloche destinée à régler ses exercices, et contribua pour 1,200 francs aux frais d'appropriation. Cette somme était loin d'être suffisante. Si les réparations hâtivement faites ne furent pas toujours bien entendues, elles n'en demeuraient pas moins très coûteuses. M. le maire d'Autun tenta vainement d'obtenir des subsides au conseil général. Mère Javouhey fit alors appel à son propre père ; il vint à Autun, et prit à son compte tous les mémoires d'ouvriers qui avaient travaillé par les ordres de sa fille.

La concession faite à la communauté de Saint-Joseph devait durer trois ans ; elle fut un peu abrégée par l'arrivée d'une quantité de prisonniers de guerre espagnols : fin de 1810 ou commencement de 1811. Ce fut encore au séminaire qu'on les logea. Dans l'aile de l'Évêché s'installèrent les officiers avec leurs familles ; des prêtres disaient la messe à la chapelle qui pourtant était en assez mauvais état; le réfectoire devint ambulance pour ceux que la fièvre pernicieuse ou le typhus avaient atteints. La Mère Javouhey se dévoua jusqu'au sacrifice, et faillit être victime de son zèle pour les malades.[1]

On avait fait espérer à la Mère Javouhey qu'après la jouissance provisoire du séminaire, elle prendrait possession de l'ancien couvent des Cordeliers : son attente fut trompée, et en laissant sa première demeure à Autun, ce ne fut pas sans peine qu'elle en put trouver une seconde et très modeste dans une maison de la rue aux Rats.[2]

L'année suivante, 29 mai 1812, la congrégation de Saint-Joseph faisait l'acquisition de l'ancien couvent des Récollets, à Cluny. Les rapports entre elle et le petit Séminaire seront interrompus pendant bien des années.

---

1. *La Mère Javouhey*, I, 232.
2. Id., 235.

LE RÉTABLISSEMENT

A l'arrivée des prisonniers espagnols, M. Ballanche avait été forcé de chercher à ses élèves un autre abri ; il put occuper une maison de M. le chanoine Dechevannes, dans la rue Chaffaud ; — n° 3 actuel [1]. — Son pensionnat y reçut de l'autorité épiscopale et du grand maître de l'Université, le titre officiel d'*École secondaire ecclésiastique* ; le langage courant disait : *petit Séminaire*. M. Ballanche avait pour collaborateurs MM. Couturier, du diocèse de Dijon, et Mouret, de celui de Besançon.

Dès 1810, il y avait un petit séminaire à Nevers — alors diocèse d'Autun — un autre à Chalon ; M. Bonnardel avait commencé celui de Semur-en-Brionnais.

Le temps n'était pas éloigné où les évêques d'Autun pourraient recouvrer d'une façon durable

---

[1]. Cette maison fut acquise plus tard par M. Saulnier qui y établit en 1818 les Frères des Écoles chrétiennes ; ils en ont été indûment expulsés à la fin d'août 1887.

l'établissement qui leur avait été enlevé depuis plus de vingt ans, et qui après avoir vu tant de misères leur reviendrait presque à l'état de ruines.

Dès le mois de septembre 1809, le maire d'Autun avait assuré à Mgr Imberties que la ville renonçait au droit qu'elle avait sur la moitié du séminaire en suite du décret impérial rendu le 21 germinal an XIII, 11 avril 1805.

A la séance municipale du 11 décembre 1811, le maire déclara que les bâtiments étaient dans un état déplorable et que le moyen le plus sûr de les conserver était de les abandonner à l'évêque; le conseil adoptant cet avis, renonça lui aussi au droit créé par le décret de germinal, et supplia l'empereur de les accorder à l'évêque. [1]

Le 19 du même mois, Bigot de Préameneu, ministre des cultes, invita le préfet de Saône-et-Loire à mettre l'évêque d'Autun en possession du bâtiment pour y établir son petit séminaire : l'arrêté conforme fut rendu le 15 janvier 1812.

Le préfet, pas plus que le ministre, ne disait rien des dépendances dont jouissait encore François de Neufchâteau ; et pourtant sans elles, la concession manquait son but, ou bien le séminaire était grevé d'une charge au profit de l'usufruitier.

Après de nouvelles négociations, le sénateur de

---

1. Délibération approuvée par arrêté préfectoral.

Dijon fut désintéressé, et un décret impérial du 8 mars 1812 compléta la restitution ; il dit en termes exprès : « Les jardins et terrains non aliénés formant l'ancien enclos du grand séminaire à Autun, *sont concédés gratuitement* au séminaire diocésain d'Autun, pour faire partie de ses dépendances. »

Le maréchal Bessières, parent de Mgr Imberties, n'avait pas été étranger à l'heureuse conclusion de cette affaire.

Lorsque les derniers prisonniers espagnols furent rendus à la liberté, après la campagne de Russie, et que l'autorité municipale eut fait déguerpir du séminaire les gens qui avaient trouvé à propos de s'y installer, on put songer aux réparations : c'était vers le milieu de 1813.

Un moment il fut question d'y ramener les étudiants en théologie ; M. Saulnier qui, en 1803, avait préféré s'établir dans la rue Saint-Antoine, regrettait sa détermination, et son rêve était d'aller mourir dans son ancien séminaire. M. Maury, vicaire général, se prononça énergiquement pour l'exécution de l'arrêté préfectoral, c'était d'ailleurs l'avis de Mgr Imberties ; malgré l'espèce de découragement qu'il éprouvait en considérant ses faibles ressources, et les dépenses énormes exigées par le triste état où vingt ans de dégradations et de déprédations avaient réduit cet édifice, autrefois le plus bel ornement de la ville ; ne trouvant aucun autre local qui convînt pour son petit séminaire, tel qu'il désirait le voir redevenir, il avait mis la main à l'œuvre et fait appel à son clergé et aux fidèles du diocèse. Il espérait, ajoutait-il, pouvoir féliciter les paroisses et les curés de l'aide qu'ils lui fourniraient. [1]

Les étages supérieurs, *démantibulés* pendant la Révolution, n'avaient pas été réparés, ils avaient même, en partie, fourni les matériaux des aménagements faits de 1807 à 1811 ; aussi les élèves qui vont venir raconteront-ils les exercices gymnastiques par eux accomplis extra-légalement sur les solives dépourvues de leurs planchers et carrelages : ce qui avait été occupé par les Espagnols ne brillait pas précisément par la propreté ; on nettoya les parties de l'édifice qui allaient être occupées, l'intérieur des appartements fut passé à la chaux, et quand le logis devint habitable, les élèves furent convoqués pour les premiers jours de novembre.

C'est le pensionnat Ballanche qui en fournit le plus grand nombre, environ quarante, mais M. Ballanche ne sera pas à leur tête ; dès le mois de juillet et après entente avec Mgr Imberties, il avait fait accepter sa démission à M. de Fontanes, grand maître de l'Université : « Le nombre de mes élèves, avait-il dit, s'est notablement accru, et ma maison se trouve trop petite d'une part ; de l'autre, mes fonctions de vicaire contrarient celles

---

[1]. Circulaire du 20 octobre 1813.

de directeur d'école, et le local désigné par Monseigneur est le seul convenable à l'établissement du petit séminaire. » [1]

Pour le remplacer, Monseigneur proposa et fit agréer M. Jean-Baptiste Berbey, alors curé de Chagny.

Les élèves arrivèrent à l'époque indiquée : une liste conservée à l'Évêché nous donne les noms de soixante-trois : parmi eux nous citerons : 1° Étienne Millot, de Chagny même ; il avait commencé ses études auprès de M. Guerret, qui devint curé de Sully et qui alors était vicaire de M. Berbey. M. Millot est mort à quatre-vingt-sept ans curé de Saint-Germain-du-Bois et chanoine honoraire. C'est à lui que nous devons bien des renseignements sur les premières années du séminaire restauré ; 2° Claude Lenoble, d'Auxy, doué d'un esprit fin et original, avec une excellente mémoire ; il a écrit sur l'Église d'Autun pendant la Révolution et après le Concordat, des notes intéressantes dont nous avons profité.

Les soixante-trois premiers séminaristes virent bientôt leur nombre s'accroitre ; pendant cette année 1813-1814, le chiffre de quatre-vingts fut atteint et dépassé. La loi impériale les obligeait d'aller en classe au collège, dont les professeurs « nous accueillirent, dit l'un d'eux sans modestie exagérée, comme leurs meilleurs élèves. »

1. Appendice V.

M. Berbey avait pour collaborateurs, à titre de surveillants et de répétiteurs, MM. Cuénot, diacre, et Perret, sous-diacre.

Non seulement les élèves du petit séminaire devaient fréquenter les classes du collège, mais la loi impériale les obligeait à payer la rétribution universitaire : M. Ballanche avait obtenu des dispenses pour son pensionnat, en 1814 on exigea strictement cette rétribution ; dix-huit élèves ne pouvant la payer furent obligés de quitter momentanément le séminaire.

Les premiers jours de cette année avaient été marqués par l'invasion des *Alliés* en France ; la patrie allait être vaincue avec Napoléon, et l'appel désespéré à une guerre à outrance, qu'il avait lancé par les décrets de Fismes, 5 mars, ne devait, ne pouvait pas rencontrer d'écho dans l'ensemble du pays.

A Autun, il y eut quelque tentative de résistance : vers Pâques, des bandes de *corps francs* voulaient s'opposer aux Autrichiens, elles firent du petit séminaire leur quartier général ; les troupes ennemies braquèrent leurs canons, qui n'auraient pas épargné la ville. Cet émoi dura peu ; les corps francs se dispersèrent et les Autrichiens vinrent prendre leur place. M. Berbey, — note de M. Duchêne, — avait connu leur chef, comte de Colloredo, pendant l'émigration ; celui-ci jugea prudent de renvoyer les enfants dans leurs familles ; ils y restèrent environ trois semaines ; la maison n'avait pas eu trop à souffrir pendant leur absence.

L'ordonnance royale du 5 octobre 1814 dispensant les élèves des petits séminaires de fréquenter les leçons des lycées et collèges, à la rentrée suivante on organisa un corps professoral; avec M. Berbey, supérieur, étaient : M. Ruben, sulpicien, directeur économe, plus sept professeurs appartenant au clergé du diocèse.

De nouvelles dépenses furent nécessitées pour l'agencement des classes et le logement des maîtres; M. Berbey y pourvut de sa bourse pour une somme de quatorze mille francs; le nombre des élèves était à peu près le même que l'année précédente.

Le calme des études ne semble pas avoir été trouvé malgré les événements; l'empereur revenu de l'île d'Elbe, et marchant sur Paris, était à Autun les 15 et 16 mars; nous n'avons rien trouvé à ce propos qui regarde le petit séminaire; lorsque les Alliés revinrent avant et après Waterloo, ils campèrent de préférence hors de la ville; des Wurtembergeois sont mentionnés comme établis dans la Prairie-l'Évêque.[1]

L'année 1815-1816 fut la dernière de M. Berbey comme supérieur; le corps professoral n'avait reçu que de légères modifications, le nombre des élèves monte à cent huit.[2]

1. Notice Duchêne.
2. Appendice VI.

Ce chiffre se retrouve avec quelque augmentation à la rentrée suivante ; M. Ruben devenait supérieur ; son prédécesseur entré dans la société de Saint-Sulpice, prenait au grand séminaire d'Autun les fonctions d'économe qu'il avait remplies à Besançon, dans les premières années de son sacerdoce.

M. Ruben ne resta que deux ans à la tête du petit séminaire : le nombre des professeurs s'était accru comme aussi celui des élèves, qui fut de cent quarante en 1817-1818.

Avec M. Ruben supérieur, nous trouvons comme directeur M. Léveillé, qui fut absent d'Autun pendant une bonne partie de la seconde année ; il avait dû la passer à Issy où il se fit sulpicien.

L'autorité épiscopale, tout en reconnaissant les services rendus par M. Ruben et son zèle d'apôtre, fut obligée de blâmer certains actes inopportuns de sévérité disciplinaire, qui motivèrent son départ.

M. Ruben quitta Autun, non sans regrets.[1]

1. Appendice VII.

LE SÉMINAIRE RÉTABLI

M. LÉVEILLÉ. — 1818-1835.

Les premiers supérieurs du nouveau petit séminaire avaient rapidement passé ; leur successeur restera dix-sept ans à la tête de cette maison que tous ils aimèrent de tout leur cœur.

Préparé à sa charge par celles qu'il avait remplies durant trois ans au petit séminaire de Nevers [1], et par les fonctions de directeur à celui d'Autun, M. Léveillé verra, malgré diverses épreuves, se consolider et se développer l'œuvre à lui léguée par ses prédécesseurs.

Mgr Imberties, qui avait présidé au rétablissement du petit séminaire, put encore installer le nouveau supérieur : le 15 janvier 1819, ce prélat mourait âgé de presque quatre-vingt-deux ans.

1. Notice Duchêne.

LE SÉMINAIRE RÉTABLI

Depuis longtemps (1811) ses infirmités l'avaient contraint de renoncer aux visites pastorales, il ne pouvait même plus faire les ordinations [1] ; cependant il venait de temps à autre visiter son petit séminaire ; sa tête restait obstinément courbée sur sa poitrine, comme on le dit aussi de saint Alphonse de Liguori, et pour entrer en rapport avec les élèves, il lui fallait monter sur une estrade dressée dans une salle du rez-de-chaussée, et de là il les bénissait défilant sous ses regards paternels. [2]

Le nombre des séminaristes s'accrut, le chiffre de deux cents fut atteint, et bientôt sensiblement dépassé. [3]

Pour répondre davantage à la confiance et aux désirs des familles, — c'était aussi la volonté de Mgr de Vichy, 1819-1829, — il fut décidé, pendant l'été de 1823, qu'à la rentrée suivante, une chaire de philosophie serait érigée au petit séminaire. M. Pourprix, alors professeur de rhétorique en devenait titulaire. Cette innovation ne devait pas durer : voulue par le chef du diocèse, sympathique aux professeurs d'Autun, elle provoqua des réclamations diverses, et fut supprimée au bout d'un an. M. Pourprix devint curé de Mesvres. Un demi-siècle se passera avant l'érection à nouveau de cette chaire de philosophie.

1. Papiers Lenoble.
2. Récit des contemporains.
3. Registres du P. S.

Depuis 1816, et cela dura autant que la Restauration, l'État payait un grand nombre de demi-bourses, et le conseil général de Saône-et-Loire, sur l'initiative du gouvernement, votait chaque année une somme de quelques milliers de francs, pour venir en aide à la maison. Ce fut par la même voie qu'elle reçut, au commencement de 1825, la collection des classiques de Lemaire. [1]

Peu s'en fallut qu'en cette même année le séminaire ne perdît son supérieur, voici à quelle occasion : on n'a pas oublié le désir qu'avait nourri M. Saulnier de replacer le grand séminaire à la porte des Marbres. Il y avait eu des pourparlers à ce sujet vers 1816, on les reprit en 1825, et il était question de transporter le petit séminaire à Paray-le-Monial, dont la municipalité offrait à cette fin son vieux monastère. [2]

La situation de M. Léveillé était délicate et devint très pénible ; il appartenait lui-même à la société de Saint-Sulpice, et sentait les inconvénients multiples d'une opposition au grand séminaire, qui agissait sans nul doute avec l'agrément des supérieurs de Paris. D'autre part, le petit séminaire avait été rétabli par l'autorité épiscopale dans l'immeuble de Mgr de Roquette ; le diocèse, entrant dans les vues de Mgr Imberties, avait contribué depuis douze ans aux dépenses faites ; professeurs, élèves et parents n'auraient

1. Registres du P. S. Archives de l'évêché.
2. Notice Duchêne.

pas vu sans chagrin cette translation loin du chef-lieu diocésain, bien près de Semur où un séminaire venait (1822) d'être approuvé par Mgr de Vichy, et dans un local qui n'offrirait pas à une maison d'éducation les avantages dont jouissait celle d'Autun, où l'on se plaisait particulièrement à trouver réalisé le *desideratum* de Quintilien : « Silvarum amœnitas, et præterlabentia flumina, et inspirantes ramis arborum auræ, volucrumque cantus, et ipsa late circumspiciendi libertas. »[1]

Au mois de juin, M. Léveillé se disait, « à bout de forces, » lutter était presque impossible ; céder, lui semblait dépasser son savoir : il offrit donc sa démission à M. Maury, vicaire général, et le 22 août il quitta le petit séminaire comme s'il n'y devait plus revenir.

M. Maury voulait garder le supérieur et maintenir le petit séminaire là où le précédent évêque l'avait installé. L'affaire se débattit pendant les vacances, M. Léveillé était mis au courant de tout ; enfin il y eut une solution : la rentrée se fit à l'époque ordinaire, mais sans la présence du supérieur, toujours malade... à Saint-Clément-lès-Mâcon. Le 18 novembre il annonçait sa guérison et son prochain retour[2] ; seulement il n'était plus sulpicien.

Mgr de Vichy, adoptant la pensée de son vicaire général, avait jugé que le petit séminaire devait

---

1. Quint. *Institut. orat.*, X, III, 24.
2. Lettres de M. Léveillé à M. Maury. (Arch. de l'évêché.)

relever directement et uniquement de l'autorité épiscopale ; le personnel enseignant serait exclusivement pris dans le clergé diocésain. [1]

Cette mesure ne nuisit point à l'œuvre ; les quatre années qui suivirent ont donné des rentrées fort nombreuses ; une fois même le chiffre de 270 élèves fut atteint. [2]

Et pourtant beaucoup de jeunes gens du diocèse s'en allaient faire leurs études à Dôle, chez les Pères Jésuites [3], et le petit séminaire de Semur, autorisé comme celui d'Autun, par ordonnance royale du 12 octobre 1828, allait s'agrandir et recevoir plus qu'auparavant les élèves fournis par les chrétiennes paroisses du Charollais et du Brionnais.

Jusqu'à M. Léveillé on avait continué de mettre les terrasses en culture, elles redevinrent avec lui champs de récréation ; tous les élèves, en compagnie et parfois avec le concours des maîtres, y prenaient ensemble leurs ébats ; la différence seule d'âge et de forces établissait des catégories.

Quelques-uns de ces élèves, après avoir été l'honneur de la maison, ont obtenu une glorieuse célébrité : mentionnons-les brièvement. C'est

---

1. Au grand séminaire, la décision ne parut peut-être pas sans appel : nous nous rappelons que le bon M. Artaud venait chaque année faire un tour dans l'enclos regretté, pour empêcher la prescription.
2. Registres et note Duchêne.
3. Lettre de M. Léveillé à M. Maury, vacances de 1817.

d'abord Maurice de Mac Mahon qui deviendra maréchal de France, duc de Magenta et président de la République française ; les *palmarès* nous le montrent lauréat des prix de doctrine chrétienne, d'excellence, de version et d'orthographe, et les traditions le font connaître comme un boute-en-train des parties de barre dont il s'appelait volontiers capitaine, tout en s'y montrant sobre de paroles[1], sorti en 1824 ; puis Edmond Bonneau du Martray, profondément chrétien ; il devint général du génie, sorti en 1828 ; Jean-Baptiste Pitra, futur cardinal et vice-doyen du sacré Collège, il terminait sa rhétorique en 1830 ; Jean-Baptiste Landriot, qui deviendra archevêque de Reims ; il quittait le petit pour le grand séminaire en 1832 ; Jean-Marie Souaillard, qui sera une des notabilités des Frères Prêcheurs. En 1818 se trouvait comme élève, au petit séminaire, Gabriel-Adolphe Vial d'Alais ; il en sortit avec peine au mois d'avril, pour être clerc au chapitre de Saint-Denis.

Ce n'était pas alors, pour les professeurs, l'habitude de rester bien des années au séminaire ; parmi ceux qui y ont fait un séjour plus long ou plus marqué, nous citerons : M. Pourprix, 1814-1823 ; M. Grandjean, 1816-1830 ; M. Voillot, 1817-1831 ; M. Jouhant, successivement professeur et directeur-économe, 1818-1831 ; M. Juillet,

1. Note de M. Duchêne.

d'abord professeur, 1821-1825, il deviendra supérieur après M. Léveillé; M. Lavault, professeur puis économe, 1827-1843; M. Pequegnot, 1828-1833, alla professer la rhétorique à Semur; M. Miller, professeur puis directeur, 1831-1848.

Finissons par M. Bertelle qui, décoré du titre un peu solennel de maître de santé, remplit avec dévouement les humbles fonctions d'infirmier, 1821-1842.

Personne ne nous reprochera de signaler aussi la présence au séminaire, depuis 1824, croyons-nous, d'un serviteur tout dévoué et grand chrétien, Louis Lequin; il devait rester jusqu'à sa mort, en 1881, dans cette maison qui le regarde à bon droit comme un de ses vrais bienfaiteurs.

Nous nous permettons d'adresser maintenant un salut respectueux aux survivants connus de cette époque déjà lointaine : MM. Pierre Brunel, né à Verdun-sur-Saône, missionnaire apostolique, qui finissait sa rhétorique en 1828; Alexis Rérolle, d'Autun, notaire honoraire, son contemporain; Henri Pignot, d'Autun, l'historien de Mgr de Roquette et de l'ordre de Cluny, qui venait une classe après; Antonin Gillot, d'Autun, ancien notaire; J.-M. Granger, chef comptable au Creusot; J.-D. Lequin, d'Autun, chanoine prébendé; Cl. Lebrun, chanoine honoraire, aumônier de l'hospice de Chalon; Stéphen Morelot, de Dijon, chanoine; Louis Tavernier, curé de Toulon-sur-Arroux ; Gilbert Chevillard, curé de Salornay ; J.-B. Berland (Autun), chanoine ; Alfred de Comeau, de Sommant ; Martin-Sauvignier, de Verdun.

Ç'aurait été un plaisir pour nous de pouvoir prolonger cette énumération.

Les promenades au parc de Montjeu étaient déjà une tradition, et leur retour une grande fête pour les élèves. Dans l'une des dernières années de M. Léveillé, le feu prit dans un bois dépendant de Montjeu, mais en dehors du parc. Les petits séminaristes s'y portèrent en toute hâte, et aidèrent puissamment à éteindre l'incendie. M. le comte de Talleyrand offrit ses remerciements à M. le supérieur, et facilita davantage aux élèves leurs promenades habituelles.

La révolution de Juillet eut son contre-coup au séminaire. Après les *glorieuses*, le drapeau tricolore flotta à la porte des Marbres (supprimée en 1839), en face du quinconce ; ce lieu de récréation dut être abandonné. La distribution des prix se fit à huis clos le 16 août. La rentrée de l'automne de 1830 n'amena guère que 180 élèves. Cette diminution s'accentua jusqu'en 1835, où ils n'étaient que 150 ; M. Léveillé put croire que la direction de l'établissement devait passer en d'autres mains.

Vers la fin de juin, dans la matinée d'un dimanche, le bruit, venu du parloir, se répandit tout-à-coup, mais le plus discrètement possible, parmi les élèves que le Père Patron [1] allait s'en aller. Quelques minutes auparavant, nul ne soupçonnait ce départ, dont l'annonce trouva bien des incrédules. On se rendit en silence à la chapelle pour la grand'messe ; les élèves étaient placés que le supérieur n'était pas encore à sa stalle ; peu d'instants après il arrivait, et voyait à son grand étonnement tous les yeux braqués sur lui. Parvenu à sa place, il se mit à genoux, la tête entre les mains : l'attitude des élèves restait la même ; se levant alors, il quitta la chapelle, monta dans sa chambre, et on ne le revit plus. [2]

Le 1er juillet, il était curé de Saint-Vincent de Mâcon, où il succédait à M. Joseph-Th. Farraud, vicaire général et curé depuis 1789, mort le 8 avril 1835.

1. Surnom familier de M. Léveillé, tandis qu'à cause de son geste significatif on appelait M. Naulin, directeur, le Grand-Doigt.
2. Un témoin.

M. JUILLET. — 1835-1842

L'année scolaire touchait à sa fin lorsque s'opéra le changement de supérieur. Celui que la confiance de Mgr d'Héricourt avait, depuis deux ans, appelé auprès de sa personne, que M. Ruben lui avait recommandé à Paris dès 1829, et auquel il remettait la direction du petit séminaire, avait déjà passé sept ans dans cette maison, trois comme élève, et quatre comme professeur, 1821-1825.

Dans son discours à la distribution des prix, imprimé en tête du palmarès de cette année, M. Juillet se proclamait heureux de la confiance et de l'affection des séminaristes, comme aussi de l'accueil plein de cordialité qu'il avait rencontré chez les professeurs.

Esprit élevé, cœur plein de zèle, M. Juillet ambitionnait uniquement de mener à bonne fin l'œuvre de l'éducation chrétienne parmi les enfants confiés à ses soins ; il n'y épargna pas sa peine.

Durant les vacances, il visita les établissements d'éducation qui jouissaient de la meilleure renommée, et après avoir vu, noté, réfléchi, comparé, il s'appliqua à réaliser au séminaire ce qu'ailleurs il avait trouvé de mieux.

Dans l'intérêt de la discipline, il distribua les élèves selon leur âge et leur classe, en trois divisions : grands, moyens, petits. Chacune de ces divisions, placée respectivement sous le patronage de la sainte Vierge, de saint Symphorien et des saints Anges, aurait sa salle d'étude particulière, son champ de récréation, ses surveillants attitrés : le bon ordre général ne pouvait que gagner à cette innovation.

Pour stimuler le travail et aider aux succès, il créa le système des notes quotidiennes, des récompenses hebdomadaires et mensuelles, des prix d'honneur, couronnant à chaque semestre le travail, les progrès, la bonne conduite. Ce qu'il fit alors existe encore aujourd'hui, et a été adopté dans maints établissements.

Aux diverses branches d'enseignement, déjà cultivées avant lui, s'ajoutèrent, sous M. Juillet, les sciences physiques et l'histoire naturelle ; et l'on introduisit en rhétorique les ouvrages des Pères de l'Église grecque et latine.

L'honneur de ce véritable progrès revient pour une bonne partie à l'un de ses collègues, l'abbé Pitra.[1]

Nommé professeur d'histoire au sortir du grand séminaire, le jeune diacre se proposait, entre

---

1. Notice de M. Duchêne.

autres choses, de donner à ses élèves de rhétorique, seconde et troisième, un enseignement exact et à leur portée, en évitant de *vouloir* mettre partout son empreinte personnelle.

Les cours ne manquèrent pas d'exactitude, le professeur sut élever ses élèves jusqu'à lui, mais un cachet bien personnel était empreint sur son enseignement.

Devenus passionnément amis de l'histoire, ses auditeurs sacrifiaient, aux jours de pluie, promenades et récréations pour des leçons supplémentaires. Au bout d'un an, la rhétorique, les humanités, la classe de troisième, ne juraient que par le professeur d'histoire, ne voulaient s'intéresser qu'aux travaux historiques.

On résolut alors de mettre les aptitudes supérieures de l'abbé Pitra au service spécial de la classe la plus élevée, où elles porteraient des fruits mieux appréciés encore.

Sa première année avait révélé chez lui tant de talent, que l'abbé Pitra, professeur d'histoire, était devenu une autorité. Se sentant d'autre part entouré d'affections bien réelles et de cordiales sympathies, aimant de préférence l'enseignement historique, ce ne fut pas sans regret qu'il accepta une situation nouvelle.[1]

---

1. Le bon Dieu m'avait fait professeur d'histoire ;
Le diable m'a fait professeur de rhétorique ;
Je me suis fait Bénédictin,
Et le pape m'a fait cardinal.
(Entendu le 6 août 1865, en sortant de Saint-Calixte.)

L'histoire, d'ailleurs, allait trouver une large place dans son programme de rhétorique ; programme d'une telle envergure qu'il n'a point son pareil dans les classes telles qu'on les faisait alors, en France et ailleurs.[1]

Les élèves de rhétorique ne furent pas moins enthousiastes de leur professeur que ne l'avaient été ceux du cours d'histoire. M. Philippe Guignard, devenu archiviste-paléographe et bibliothécaire de la ville de Dijon, entretenait avec son ancien maître des rapports d'érudition et d'amitié ; M. Ernest Pinard, ministre de l'intérieur sous l'Empire, a rendu témoignage[2] « à cet esprit élevé qui ne savait pas compter avec les difficultés humaines ; » Mgr Bougaud, évêque de Laval, quand il était reçu à Saint-Calixte, dans sa conversation avec le cardinal, revenait volontiers sur les belles études du séminaire.[3]

C'est, nous l'avons dit, à l'initiative de l'abbé Pitra que l'on dut l'introduction au séminaire des classiques chrétiens et l'étude de l'histoire naturelle : botanique, géologie, minéralogie.[4]

---

1. Mgr Battandier, *le Cardinal Jean-Baptiste Pitra.*
2. *Mon Journal,* t. I, p. 11.
3. L'interprétation par l'abbé Pitra, de l'inscription grecque trouvée le 24 juin 1839 au polyandre de Saint-Pierre-l'Estrier, commença de lui faire un nom dans le monde savant.
4. Avec des fragments de marbres antiques recueillis pendant les promenades, la dernière année de l'abbé Pitra, on fit une table que le séminaire a conservée. L'éminent professeur entrait définitivement

Le supérieur sentait vivement les beautés que renferment les ouvrages des Pères, il aimait lui-même les sciences naturelles ; son consentement fut bientôt donné aux vœux du professeur de rhétorique.

M. Juillet avait compris la grande utilité dont seraient des galeries couvertes autour de la cour d'honneur. S'il ne put réaliser cette pensée, il attacha son souvenir à l'érection sur les bords du bassin du jet d'eau, après la rentrée de 1840, d'une belle statue de l'Immaculée Conception, aux pieds de laquelle se sont faits pendant de longues années les pieux exercices du mois de Marie, où l'on récitait la prière dont il est l'auteur :

Vierge sainte, ô douce Marie !

Pleins de confiance en vos bontés, nous vous choisissons pour notre mère : daignez nous regarder comme vos enfants, et faites rejaillir sur nous une partie de cet amour que vous avez pour Jésus. Désormais, nous mettrons tout notre bonheur à vous bénir et à vous aimer : agréez l'hommage que nous vous faisons de nos cœurs ; purifiez-les et embrasez-les du divin amour. O notre bonne mère ! secourez-nous dans tous les périls, protégez-nous dans les tentations, soutenez

à Solesmes en septembre 1841. Devenu cardinal évêque de Frascati, il demanda des spécimens de fossiles des schistes bitumineux pour les études de son grand séminaire, et envoya en retour une belle mosaïque moderne.

notre courage et ne nous abandonnez jamais. Obtenez-nous du Seigneur, que toujours fidèles à ses commandements, nous imitions Jésus dans son enfance croissant comme lui *en âge, en grâce, en sagesse, devant Dieu et devant les hommes.* Ainsi soit-il.

La vierge de M. Juillet inspira plus d'une fois les jeunes poètes : en 1842, Joseph Martin, de Buxy, lisait à la sortie ses « Adieux »; en 1850, J. Chaussard, de Cussy-en-Morvan, « Un Souvenir à la vierge du Séminaire. »

Au temps de M. Léveillé, les élèves malades étaient confiés aux bons soins de M. l'abbé Bertelle, les plus jeunes à ceux d'une ancienne chanoinesse, M⁽ᵐᵉ⁾ Françoise Gruer, ou Gruyer, qui était encore chargée de la lingerie de la maison. Elle quitta, nous dit-on, le petit séminaire en même temps que M. Léveillé et l'accompagna dans son nouveau poste.

M. Juillet eut la bonne inspiration d'appeler au séminaire, pour y tenir la sacristie, la lingerie et prendre soin des malades, les religieuses de Saint-Joseph de Cluny, qui revenaient, avec une situation modeste, dans cette maison dont leur Mère fondatrice avait pu espérer faire le centre de sa congrégation.

La première supérieure, mère Bruno, n'y resta pas longtemps ; sa remplaçante mère Symphorien Gay devait exercer sa charge sous quatre supérieurs successifs.

Fidèle à son programme d'éducateur chrétien,

M. Juillet avait voulu que la religion chez ses élèves pénétrât au plus intime des cœurs. Il se dévoua par choix à l'action directe sur les consciences, dans des entretiens particuliers, dans les instructions de chaque soir, sous forme de lecture spirituelle, et dans la prédication proprement dite. Chaque dimanche, il commentait l'Évangile à la messe de communauté, sans compter qu'aux saluts du soir, les jours de fête, sa parole prenant un ton plus solennel, la foi de son âme, l'ardeur de son zèle mettaient en plein relief son grand talent d'orateur.

Des succès marqués devaient, semble-t-il, être obtenus par tant de qualités et tant d'efforts, secondés d'ailleurs par un personnel d'élite[1] ; il y en eut, mais pas assez au gré d'une ardeur peut-être excessive.

M. Juillet put goûter la satisfaction de voir le nombre de ses élèves s'élever de cent cinquante à deux cent trente[2]. Professeurs et élèves rendaient hommage aux hautes vertus de leur supérieur. Ceux qui étaient entrés avec lui en des relations plus étroites affirmaient sa grande bonté ; pour beaucoup, cependant, il était plus craint qu'aimé. Il n'avait pas, disait-il lui-même, l'aménité de son prédécesseur[3] ; de là, naquirent

---

1. Notice de la Société Éduenne sur Mgr Landriot.
2. Registres du P. S.
3. Palmarès de 1835.

des froissements. Impatient d'arriver au but, il éprouva l'amertume des déceptions; les veilles prolongées, les sollicitudes inquiètes augmentaient son impressionnabilité naturelle; sa santé fut atteinte et, au bout de moins de sept ans, il crut accomplir une obligation en demandant à se retirer : janvier 1842.

M. Juillet, à son départ, fit brûler nombre de papiers qui lui semblèrent sans importance ; plus tard, ils auraient probablement offert grand intérêt.

M. LANDRIOT. — 1842-1849

Le mois d'octobre 1841 vit revenir au séminaire M. l'abbé J.-B. Landriot, qui avait été chargé en 1835 [1] de la classe des commençants, et qui depuis, missionnaire diocésain ou vicaire de la Cathédrale, mettait à profit ses moments libres pour partager, avec son ami l'abbé Pitra, les leçons et les promenades de minéralogie et géologie.

Directeur de la division des petits, avec les cours d'histoire naturelle en perspective, voilà ce qu'était pour l'heure et officiellement M. Landriot : dans la pensée de Mgr d'Héricourt, après les désirs exprimés par M. Juillet, c'était pour un avenir prochain le futur supérieur du séminaire.

L'abbé Pitra n'avait pas encore de successeur dans sa chaire de rhétorique ; elle fut proposée à M. Farges, vicaire depuis trois ans déjà, à Saint-Pierre de Mâcon, et très attaché à son ministère : Mgr l'évêque ne commandait pas, il fallut les instances affectueuses de M. Landriot pour triompher des hésitations de son ami ; en attendant sa venue, M. Juillet, supérieur, et M. Miller

---

1. Registres de l'évêché et du petit séminaire.

directeur, se chargèrent de le suppléer [1]. Au mois de décembre, M. Farges arriva, pour se donner sans réserve et jusqu'à son dernier jour, au petit séminaire.

Quelques semaines après, M. Juillet, démissionnaire, avait pour successeur M. Landriot : 2 février 1842 ; le nouveau supérieur n'avait pas vingt-six ans.

Ses talents, sa dignité, sa distinction le faisaient accepter volontiers des professeurs, avec lesquels pourtant il ne voulut être que *primus inter pares ;* si une droiture extrême et une grande bonté rendaient faciles ses rapports avec ses collègues, elles lui gagnèrent vite l'affectueux respect des élèves, heureux de se sentir vraiment aimés. [2]

Parmi les professeurs, quelques-uns appartenaient au diocèse de Dijon ; ils retournèrent successivement dans leur pays d'origine : c'étaient MM. Lachot, Vitteaux, Clémencet, Guéniard ; avec des éléments plus homogènes, M. Landriot sut constituer un corps professoral uni par la charité fraternelle et l'amour du devoir.

Pour atteindre le cœur des enfants, M. Landriot avait, en dehors des entretiens familiers, ses lectures spirituelles de chaque jour ; nourries de la doctrine des grands docteurs et spécialement de

---

[1]. Notice de M. Duchêne (*Mgr Landriot*, p. 14, *M. Farges*, p. 8.)
[2]. Id., p. 15.

saint François de Sales, elles aidaient grandement à la piété des élèves; ce fut aussi dans le même but qu'il donna d'abord à la chapelle, ses conférences sur les belles-lettres, qui devinrent son premier ouvrage livré à la presse.

Ces conférences étaient encore une réponse à des critiques dirigées par certains groupes d'ecclésiastiques contre l'enseignement, au petit séminaire, des sciences naturelles ; cet enseignement, parti de l'initiative de M. Pitra, consenti par M. Juillet, avait en outre l'approbation de Mgr d'Héricourt; les conférences de M. Landriot démontrèrent que dans tout enseignement scientifique ou littéraire l'accord pouvait, devait se faire entre la raison et la foi, et que l'étude accompagnée de l'humilité, de la pureté et de la prière, était capable de produire des fruits excellents.

Les cours de botanique, de minéralogie et géologie continuèrent donc ; ces deux derniers sous la direction personnelle du supérieur [1] qui, d'autre part, tout en maintenant à sa hauteur l'enseignement classique ancien, mit les chefs-d'œuvres des Pères entre les mains des élèves, depuis la classe de quatrième, comme aussi il rendait obligatoire, dans les mêmes classes, l'étude de l'anglais ou de l'allemand. Devenu évêque de la Rochelle, Mgr Landriot donna au petit séminaire la plus grande partie de ses riches col-

---

1. Notice, Soc. Eduenne, p. 21.

lections géologiques[1]. Celles plus modestes de D. Pitra furent portées à Solesmes en 1842. La minéralogie était peu en honneur au monastère : quand l'auteur et gardien de ces collections quitta Solesmes, elles furent peu à peu oubliées, et les plus beaux échantillons finirent sur les fenêtres des moines, qui s'en servaient pour assujettir les croisées.[2]

Recueillant les usages traditionnels de la maison, M. Landriot en fit, avec l'approbation de son évêque, le règlement dont l'ensemble est encore en vigueur.

Le 22 novembre 1842, il était nommé chanoine honoraire[3]; un mois après, voulant réaliser un désir que le manque de ressources avait fait ajourner, il faisait, avec ses collègues, un appel aux anciens directeurs et professeurs, aux anciens élèves et à leurs parents, à tout le clergé du diocèse, pour obtenir des fonds qui permettraient de restaurer la chapelle.[4]

Déjà, pendant les vacances de 1821, M. Léveillé, faute de mieux, l'avait fait blanchir, et se permettait de la trouver charmante..... [5] M. Bertelle en avait rétabli le dallage à ses frais ; même avec les nouvelles dépenses, appliquées principale-

---

1. Notice de M. Duchêne. Petit Séminaire, 1863.
2. Mgr Batlandier, p. 75.
3. Registre de l'évêché.
4. Archives de l'évêché.
5. Idem.

ment au sanctuaire, elle ne devint pas un chef-d'œuvre ; au moins elle fut convenable.

L'État, qui avait promis un saint Symphorien pour le rétable, ne put tenir son engagement, et envoya une copie de *la Sainte Famille* de Murillo, qui remplaça au maitre autel la Purification de la sainte Vierge, œuvre de Jouvenet [1]; ce dernier tableau, peint par ordre de Mgr de Roquette, a disparu pendant la Révolution, comme les statues de saint Charles Borromée et de saint François de Sales, dues au ciseau du sculpteur dijonnais Dubois, et qui dataient de la même époque.

Pendant tout le temps que durèrent ses fonctions de supérieur, M. Landriot eut un nombre d'élèves à peu près fixe : de 210 à 230; seule la rentrée de 1848-1849 fut marquée par une diminution assez sensible, elle n'en amena que 180.

L'année précédente il avait été forcé, pour raison de santé, de renoncer à sa résidence habituelle au séminaire, et Mgr d'Héricourt lui donna l'hospitalité dans le palais épiscopal ; M. Miller, directeur depuis longtemps, remplissait avec zèle les devoirs d'un supérieur de fait : et le vrai supérieur venait fréquemment à la maison.

On sait qu'après les journées de février 1848, des idées, le plus souvent mal comprises, de liberté et d'indépendance s'étaient comme répandues dans l'air ; le petit séminaire n'en fut pas

---

1. Archives du petit séminaire.

tout à fait exempt : une mesure disciplinaire ayant frappé deux élèves de rhétorique, leurs condisciples prirent fait et cause pour eux, et on pouvait craindre que le reste de la division se laissât entraîner.

En l'absence du supérieur, MM. Farges et Duchêne, professeurs de rhétorique et de seconde, purent ramener le calme parmi leurs élèves ; l'arrivée de M. Landriot arrêta complètement la mutinerie, et l'année s'acheva sans encombre.

Ayant ainsi constaté la nécessité de sa présence, M. Landriot revint se fixer parmi ses collaborateurs ; le 18 septembre 1848, Mgr d'Héricourt lui donnait une nouvelle marque de sa bienveillance en le nommant chanoine titulaire.

Après une nouvelle année, sa santé n'était pas absolument rétablie : il avait besoin de repos, de solitude, peut-être de celle du cloître[1] ; avant de prendre un parti définitif, et du consentement de son évêque, il se mit en route au commencement des vacances, pour Rome et l'Italie : MM. Humbert et Victor de Musy l'accompagnaient, ce dernier venait de faire sa philosophie au petit séminaire, sous la direction de M. Landriot.

---

1. Notice de M. Duchêne.

M. DUCHÊNE. — 1849-1879.

Le voyage terminé, M. Landriot reviendrait-il prendre son poste ? Personne d'abord ne songeait à se le demander : il avait pourvu à la bonne gestion des intérêts du séminaire pour le temps des vacances, M. le directeur et M. l'économe suppléeraient l'absent ; ce n'était pas d'ailleurs une nouveauté, puisque chaque année, après la sortie, il en était de même, pour un temps plus ou moins long.

Aucune affaire n'étant immédiatement urgente, M. Duchêne voulut aller passer quelques jours en famille : il emmenait avec lui M. Berland.

Leur passage à Sainte-Croix près de Louhans se trouva coïncider avec la visite pastorale qu'y faisait Mgr d'Héricourt : le prélat ayant su par M. Devoucoux l'arrivée de M. Duchêne, voulut le voir en particulier : au sortir de cette audience, M. l'économe apprit que le séminaire n'avait pas à compter sur le retour de M. Landriot : de son successeur on ne devait rien savoir officiellement jusqu'à nouvelle information.

Au mois d'octobre, M. Landriot n'était pas de retour : M. Farges, à qui pesaient les situations indécises, s'en alla réclamer auprès de Monseigneur ; celui-ci l'exhorta en souriant à avoir confiance dans le premier supérieur du séminaire, qui, à l'heure voulue, saurait donner satisfaction à cette sollicitude.[1]

Les élèves arrivèrent : en l'absence d'un supérieur, M. Duchêne les reçut, tout en étant chargé des surveillances qui incombent au directeur : cela dura jusqu'au jour de la clôture de la retraite. Avant vêpres, les professeurs et les élèves ayant été réunis dans la salle des exercices, Mgr d'Héricourt arriva bientôt parmi eux, avec le prédicateur, qui était le P. Gloriot, jésuite, et M. Duchêne dont la pâleur extrême indiquait l'émotion et laissait deviner, à ceux qui n'étaient pas encore dans le secret, quel allait être le mot final de cette réunion.

Bientôt en effet le prélat disait : « Comme autrefois, Dieu choisit Moïse, le plus doux des hommes, pour gouverner et conduire son peuple d'Israël, j'ai choisi M. l'abbé Duchêne, le plus doux des hommes, pour conduire et gouverner tous mes enfants du petit séminaire d'Autun. »

Il avait fallu, écrivit plus tard le nouveau supérieur, qu'aux instances affectueuses de ses confrères, se joignit l'ordre formel de son évêque pour l'amener à accepter un honneur et une charge qui effrayaient son humilité. Tous les cœurs cependant applaudissaient au choix épiscopal : l'espoir des maîtres, l'enthousiasme des élèves ne

---

1. Récit de M. Berland.

devaient pas être trompés, et dès lors on pouvait appliquer au chef de la maison le vers de la plus belle des églogues, que ses confrères lui firent plus tard entendre, un jour de sa fête :

> Et duræ quercus sudabunt roscida mella.
>
> (*Ecloga* IV, 30.)

L'homme qui était depuis neuf ans déjà au séminaire, et qui devait en rester presque trente ans supérieur, y avait été amené d'une façon providentielle.

Né à Augea (7 avril 1817), petite commune du Jura, puis venu avec ses parents à Cuiseaux, on lui fit commencer des études pour le préparer à une carrière libérale; son père le voulait notaire ou médecin. Il était encore à Cuiseaux en 1830; il y fit partie, rappelait-il en riant, de la fanfare de la garde nationale; puis il alla au petit séminaire de Vaux-sur-Poligny, dont il sortit à la fin de l'année scolaire 1836.

Au lieu de suivre la voie qu'on aurait désirée pour lui, croyant répondre à l'appel de Dieu, dûment autorisé par l'évêque du pays de son baptême, il entra au grand séminaire d'Autun, où il passa quatre ans : la vie de professeur ne semblait pas être dans ses goûts, mais la volonté d'en haut s'était manifestée; pour l'accomplir aucun sacrifice ne lui semblait de trop.

A la rentrée de 1840 il vint au petit séminaire

comme maître d'études, avec ses condisciples et amis, MM. Berland, Dubost et Tavernier : deux ans après on lui confia la chaire de quatrième; à sa seconde année de classe, il tomba malade dans sa famille, une fièvre typhoïde le retint longtemps au lit. Après sa convalescence il fut appelé au petit séminaire de Semur-en-Brionnais pour suppléer un professeur fatigué; on voulait l'y garder, mais son affection pour Autun, l'amitié de M. Landriot, supérieur, le désir de Mgr d'Héricourt le ramenèrent dans cette maison à laquelle il allait se dévouer tout entier. Après la quatrième, il professa la seconde, et fut ensuite nommé directeur; il en avait rempli les fonctions pendant un an, lorsque le choix de son évêque l'appela à la charge de supérieur; sa vie dès lors est identifiée avec celle du séminaire.

Il n'y trouvait que cent soixante et quelques élèves; pour en augmenter le nombre et rendre service à certaines familles, il se fit autoriser par Mgr d'Héricourt à fonder dès la rentrée de 1850 un cours spécial de français : commencé dans des proportions très modestes, il finit par compter une cinquantaine d'élèves, répartis en deux classes, selon leur âge et leurs capacités.

Une autre source d'accroissement fut la création d'un cours de philosophie, couronnement normal des études classiques : dès la rentrée de 1851, mettant à profit les libertés accordées par la loi Falloux, deux rhétoriciens, pendant que leurs condisciples allaient au grand séminaire, se préparèrent au baccalauréat ès lettres, sous la direction de M. Farges; leur exemple fut suivi par d'autres, jusqu'en 1856, où avec l'agrément de l'autorité épiscopale, et après des discussions dont nous ne parlerons pas, la classe de philosophie fut régulièrement constituée à Autun et à Semur.

De 176, à la rentrée de 1849-1850, le chiffre des élèves était arrivé cette année à 268 : en 1859 il dépassa 300 : augmenté encore par la suite, il ne disparut momentanément qu'à l'occasion de la guerre de 1870 : la dernière année de M. Duchêne, ils étaient 304.

Tous ceux qui ont connu M. Duchêne savent qu'il aima ses élèves, comme un bon père aime ses enfants; sa piété profonde et tendre cherchait dans les allocutions publiques, comme dans des entretiens intimes, à développer les germes heureux qu'il devinait dans les âmes : sans qu'il possédât les talents oratoires de M. Juillet ou de Mgr Landriot, sa parole avait des accents faits pour émouvoir et aller droit au cœur.

Au jour de la fête de l'Immaculée-Conception, 1853, le bon supérieur bénit les commencements d'une conférence de Saint-Vincent-de-Paul, qui allait recruter dans les trois divisions ses chevaliers de la charité, et leur faire trouver le moyen, en secourant des familles pauvres, de devenir eux-mêmes meilleurs, et de donner le bon exemple à leurs camarades : les noms des premiers dignitaires de cette conférence naissante sont ceux de MM. Détang, aujourd'hui curé de Saint-Romain-des-Iles, Ménot, chanoine et secrétaire de l'évêché, E. Muzeau, général de division, commandant de la place de Lyon, commandant supérieur de la défense.

Ce fut vers le même temps que, pour donner un nouvel aliment à la piété des élèves, il fit ériger à la chapelle un Chemin de croix, dont les exercices ont été faits depuis, soit en particulier, soit en public, spécialement à chaque vendredi de carême.

L'orgue de cette chapelle était insuffisant et très défectueux : il fut remplacé par un instrument neuf, auquel les cotisations des professeurs ajouteront, quelques années après, un jeu de seize pieds : les offices en reçurent plus de splendeur ; et ils étaient bien beaux parfois ces offices, lorsque des chœurs choisis, ou bien toutes ces voix de jeunes gens chrétiens exprimaient harmonieusement la prière catholique ! Et parmi ces offices — qu'on nous permette ce souvenir, aujourd'hui plein de douleur, — aucun de ceux qui en furent témoins n'a oublié les chères solennités des jours de première communion, ni les processions de la fête du Sacré-Cœur : à celles-ci, deux mille personnes environ prenaient part, faisant cortège au Dieu de l'Eucharistie, le Maître et le Seigneur de tout et de tous, que chantaient les hymnes liturgiques alternant avec les accents de triomphe jetés dans les airs par la fanfare. Toute cette foule, après avoir défilé dans un ordre parfait jusqu'au premier reposoir, venait gracieusement entourer la Vierge du jet d'eau aux pieds de laquelle se faisait la seconde station, qui prenait un caractère plus sensiblement religieux dans le silence de la nature, l'heure avancée du soir, avec ces couronnes vivantes dessinées par l'assistance recueillie autour du bassin dont les eaux clapotaient doucement, et réfléchissaient les lumières et les fleurs du reposoir : enfin la dernière bénédiction se donnait dans la cour d'honneur, chaque fois, semblait-il, plus splendidement illuminée.

Au centre de cette cour fut érigé en 1861, une statue monumentale de la sainte Vierge : l'inscription qu'elle porte en fait connaitre le donateur, Mgr Devoucoux, évêque d'Évreux : c'était un souvenir de son cœur à la maison dans laquelle il avait fait une partie de ses études. [1]

En juin 1866 la cloche du petit séminaire fut irréparablement fêlée : mise en place au temps de la mère Javouhey, elle remontait à une époque bien plus ancienne; c'était celle du couvent des Cordeliers, elle portait le nom de leur fondateur Guillaume de Villers, seigneur d'Igornay, celui de sa femme Anne de Bessey, et du gardien.

1. Elle est encore en place, malgré les récriminations d'un ex-vénérable (?) de la Loge.

Le 31 décembre, Mgr Bouange, vicaire général et protonotaire apostolique, bénissait une nouvelle cloche : au cours de la cérémonie son collègue M. Thomas fit la prédication ; quelques jours après il était nommé évêque de la Rochelle en remplacement de Mgr Landriot, promu à Reims.

Autour de cette cloche se lit l'inscription suivante :

SYMPHORIANUS VOCOR
FILII SURSUM ERECTO CORDE

REGEBAT MINUS SEMINARIUM IRENÆUS
CLAUDIUS DUCHENE
CAN. HON.

M. le supérieur s'était réservé de l'inaugurer : ce fut lui qui sonna le lever du 1er janvier 1867. La veille, il avait dit aux élèves : « Puisse la voix de la nouvelle cloche vous porter mes meilleurs souhaits, puissent tous les jours de votre vie être heureux, puissiez-vous chaque jour, à votre réveil, élever votre cœur à Dieu.[1] »

Le 19 mai de cette même année, NNgrs Landriot et Thomas se rencontraient au séminaire : celui-ci, sacré depuis quelques jours, était venu célébrer la messe de première communion et donner la confirmation : l'archevêque de Reims, à

---

1. Registres du petit séminaire. — *Epigr. autunoise*, II, p. 57.

la procession du soir, rappela dans son allocution auprès de la Vierge du jet d'eau, ses souvenirs d'enfant, de professeur, de supérieur, et proclama les relations intimes de l'intelligence et du cœur qui le rattachaient à cette maison.

Ayant remarqué que la statue élevée par M. Juillet en 1840 avait souffert des injures du temps, il lui vint au cœur de la remplacer ; sa large offrande et le concours des anciens élèves permirent de faire sculpter une statue monumentale de la Vierge Immaculée.

Avant le repas du soir, Mgr Landriot faisant ses adieux aux élèves leur laissa encore un doux souvenir en nommant chanoines honoraires de sa métropole, MM. Duchêne, supérieur, Landriot, directeur, et son vieil ami M. Farges, professeur de philosophie. [1]

Évêque de la Rochelle, il avait déjà fait à ces Messieurs un honneur pareil dès 1857 : M. Duchêne avait été fait chanoine honoraire d'Autun, le 3 mai 1852, le lendemain de l'arrivée de Mgr de Marguerye, M. Farges, le 30 octobre 1855, et M. Landriot François, en juillet 1856.

Tout ce que nous avons mentionné indique la prospérité croissante du séminaire, dont on peut dire que l'âge d'or fut celui où M. Duchêne était supérieur.

Cependant les épreuves ne lui furent pas épar-

---

1. Notice sur Mgr Landriot, pp. 23 et 24, et discours du même, 19 mai 1867, pp. 19 et 20.

gnées : le 8 juillet 1851, après quelques semaines de maladie, mourait Mgr d'Héricourt, qui aimait tant son petit séminaire et qui en fut le bienfaiteur même après sa mort : seize élèves y moururent, pendant que M. Duchêne était en charge, et toutes ces morts d'enfants ou de jeunes gens retentissaient douloureusement au cœur de leurs condisciples et de leur père à tous.

Depuis 1813 jusqu'à 1853, aucun professeur n'était mort à la maison : le 3 juin de cette année, M. Jean Chifflot, qui faisait partie du corps professoral depuis 1850, succomba à une maladie qui lui avait fait interrompre sa classe depuis quelques mois.

Le 30 décembre 1868, ce fut le tour d'un des vétérans de la carrière, M. Farges. Dans les derniers mois de l'année scolaire, il avait éprouvé les atteintes d'une très grave affection au cœur ; il trouva assez d'énergie, cependant, pour fournir à sa tâche jusqu'au départ des élèves. Pendant les vacances, il y eut un mieux apparent : quel qu'en fût son désir, il ne put reprendre ses fonctions à la rentrée, et comme l'avait trop justement pronostiqué un de ses élèves, devenu docteur en médecine et qui devait mourir d'une maladie analogue, il fut enlevé par une soudaine et dernière crise. M. Duchêne, à la sortie de 1869, lut une notice sur M. Farges ; ses vingt-sept années d'enseignement brusquement terminées lui avaient mérité de nombreuses et ardentes sympathies, et c'est à bon droit que la notice indiquée disait : « Ses obsèques furent le triomphe du dévouement. »

Ériger par souscription à M. Farges un monument de reconnaissante et perpétuelle mémoire, telle fut la pensée de ses élèves au lendemain de ses funérailles ; elle recueillit un grand nombre d'adhésions, et dans le cours de 1869 le monument fut élevé sur les cendres de M. Farges, au pied de ce séminaire qu'il a tant aimé.

La bénédiction en fut faite le 25 août, par Mgr Landriot, accompagné de Mgr de Marguerye, qu'entouraient plus de deux cents prêtres et un grand nombre de laïques.

La voix éloquente de l'ancien supérieur et de l'ami glorifia devant ce monument, l'idée de *sacrifice* qui avait été la vie de M. Farges.

On revint au séminaire, et M. Lelong, vicaire général, en remerciant M. Duchêne d'avoir ménagé aux anciens élèves cette touchante réunion, laissa entrevoir l'espérance que de bonnes et fraternelles agapes pourraient s'y renouveler de temps en temps. Cette espérance fut immédiatement applaudie, et pour faire droit aussi à de nombreuses demandes, les réunions périodiques des anciens élèves furent acclamées et décidées en principe : l'année suivante on en fixerait les détails.

La Réunion fraternelle des anciens élèves du petit séminaire d'Autun doit donc son origine à cette fête de l'amitié, du respect et de la reconnaissance.[1]

On sait trop les malheurs du pays dans la seconde moitié de 1870 : l'organisation projetée ne put donc avoir lieu.

Avant la fin de l'année scolaire, la vie du petit séminaire avait déjà été attristée par la mort de M. Joseph Perrot. Il avait commencé en 1846 par être maître d'études ; deux ans plus tard, il était professeur de sixième ; depuis environ seize ans, il était chargé de la quatrième, lorsqu'une maladie sur la nature de laquelle il ne se faisait pas d'illusion, l'enleva à l'estime et à l'affection de ses confrères et de ses élèves.

Au jour du départ pour les vacances, on pouvait encore avoir des illusions touchant l'issue de la guerre. Au moment de la sortie la soi-disant victoire de Sarrebrück était bruyamment annoncée ; mais bientôt les mauvaises nouvelles affluèrent, et pendant que les douleurs se multipliaient pour la France, le petit séminaire avait aussi sa large part de souffrances.

Nous nous bornerons presque à résumer *Une Page de l'histoire du petit séminaire d'Autun*[2], due à la plume de M. Duchêne.

Les élèves avaient voulu que la somme d'ar-

---

1. V. *l'Abbé Farges, chanoine honoraire d'Autun, de la Rochelle et de Reims*, etc. Notice biographique, par M. Duchêne, brochure de 73 pages, 1869.
2. Brochure de 39 pages, Autun, Dejussieu, 1872.

gent destinée à payer leurs prix fût affectée aux besoins des soldats victimes de la guerre. Une ambulance de cent lits avait été installée dans les salles de classe ; souvent annoncés, les malades n'y furent jamais amenés, en revanche les gardes nationaux venaient faire l'exercice sur les terrasses.

A l'époque de la rentrée, l'autorité gouvernementale déchargea les établissements publics du service des ambulances et approuva la reprise des études ; les élèves arrivèrent en assez grand nombre, et l'année scolaire fut ouverte.

Le 4 novembre, Frédéric Morin, préfet de Saône-et-Loire, sollicita de Monseigneur le licenciement du grand et du petit séminaire, qui logeraient deux bataillons de mobilisés, le troisième serait installé au collège. Conformément à un décret de la délégation de Tours, on offrit pour le campement des mobilisés l'enclos de Saint-Martin, maison de campagne du grand séminaire. En utilisant les logements bâtis, et en élevant des baraquements, on pouvait y caserner tout un régiment, et au besoin davantage.

Cette proposition venait d'être acceptée, le 8 novembre : dans la nuit du 9, Garibaldi arriva à Autun avec son *armée des Vosges* en formation ; quelques officiers vinrent coucher au séminaire, les autres se logèrent en ville, pendant que les soldats, tristes sires en grand nombre, occupaient et profanaient les églises.

Le 10, on apportait au supérieur l'ordre de loger six cents militaires : en deux heures les locaux étaient préparés, et ils furent immédiatement occupés. Dans la nuit suivante arrivent, sans chef, des francs-tireurs d'Oran et des zéphirs. On ne pouvait s'attendre à pareille invasion : devant leurs menaces, le grand dortoir des moyens fut évacué par les enfants, qui durent se contenter pour eux-mêmes d'une paillasse ou d'un matelas empruntés à leurs camarades.

Que ferait-on le lendemain, se demandaient avec angoisse M. Duchêne et ses collègues ? Pendant qu'ils délibéraient, le chef de gare fit savoir que le chemin de fer circulerait encore dans la matinée, et que peut-être tout serait ensuite arrêté : l'avis unanime fut qu'il fallait faire partir les élèves. A quatre heures, ils étaient debout ; après une prière rapide, ils firent rapidement aussi leurs paquets, et s'en allèrent comme on se sauve de l'incendie ou du pillage.

A peine étaient-ils éloignés que commença l'envahissement plutôt que l'occupation du séminaire.

M. le supérieur avait cédé ses appartements à Ricciotti Garibaldi, colonel de la 4° brigade de l'armée des Vosges ; ceux de M. Landriot, directeur, furent occupés par le comte d'Houdetot, capitaine d'état-major ; d'autres chambres furent abandonnées à des officiers : il en restait en tout huit pour les vingt-deux membres du corps professoral ; et si on les respecta ainsi que la chapelle, la bibliothèque, les lingeries, ce fut dû en grande partie aux remontrances énergiques faites par M. Duchêne au sous-préfet d'Autun et, il faut le dire aussi, à la bonne volonté de Ricciotti qui ne partageait pas la haine sectaire du fameux état-major général.

A côté de troupes françaises régulièrement recrutées, mobiles des Basses-Alpes, de l'Aveyron, artilleurs de la Charente-Inférieure, le séminaire abritait plus de trente compagnies se disant parfois légions, de francs-tireurs de nationalité diverses, aux costumes les plus bizarres, sur les faits et gestes desquels il fallait veiller, la nuit surtout : il y eut des vols et, à plusieurs reprises, on put craindre l'incendie.

Vers la fin de novembre, cette armée fit une pointe sur Dijon. Après les petits combats de Pasques et de Lantenay, Garibaldi croyait à la retraite des Prussiens : arrivées de nuit sous les murs de la ville, ses troupes furent saluées par les mitrailleuses de l'ennemi; ce fut alors une panique indescriptible, un pêle-mêle général. Le général en chef était à la tête des fuyards avec son état-major; ils trouvèrent moyen, pour assurer leur marche rétrograde, de se faire ramener à Autun par les wagons des houillères d'Épinac : dans la journée et jusqu'au soir, les divers corps rentrèrent à leur casernement dans des conditions lamentables ; 30 novembre.

Les Prussiens n'étaient pas loin. Malgré des avertissements répétés, aucune précaution sérieuse ne fut prise dans la matinée du 1ᵉʳ décembre. Vers deux heures et demie du soir, le canon ennemi se faisait entendre ; presque à la même heure, les chemises rouges arrivaient au Creusot ; elles s'étaient *repliées* selon leur coutume, et cette fois avant la bataille.

Les autres troupes ayant été envoyées dans des directions diverses, il ne restait au séminaire qu'un peloton d'artilleurs à la garde des pièces ; deux seulement étaient chargées, elles furent pointées contre les assaillants surpris, nous a-t-on affirmé, qu'on essayât de leur répondre. Les artilleurs absents revinrent bientôt, sans chefs d'abord, pour ouvrir les caissons ; quelques coups de hache leur fournirent des gargousses, et jusque vers cinq heures l'engagement entre Français et Prussiens fut surtout un duel de leurs canons : mobiles de l'Aveyron, des Basses-Pyrénées, mobilisés d'Autun, prêtèrent leur concours à la défense : et comme les braves Charentais, dont cinquante-trois furent tués ou mis hors de combat, « ils restèrent au poste de l'honneur, tandis que d'autres étaient ailleurs. [1] »

Le soir venu, au moins trois mille hommes pleins d'anxiété occupaient le séminaire : on s'attendait pour le jour suivant à une nouvelle

---

1. Mgr Landriot, *Discours pour l'ouverture du mois de Marie*, 30 avril 1871.

attaque ; Ricciotti et M. d'Houdetot pourvurent eux-mêmes à la sécurité des religieuses, et engagèrent les professeurs à ne pas rester en nombre à la maison : MM. Truchot, Marmillot, Lequin, Buchot devaient seuls en être transitoirement les gardiens.

Les Prussiens ne reparurent pas. Il fut constaté que plusieurs de leurs obus avaient atteint le séminaire, mais que la statue de la sainte Vierge, placée au milieu de notre artillerie, n'avait pas été touchée par les projectiles ennemis.[1]

Le 3, eurent lieu dans la chapelle, les funérailles des artilleurs et de quelques autres soldats tués l'avant-veille ; le clergé de la cathédrale, les professeurs du séminaire, les camarades de ces victimes de la guerre, priaient pour les valeureux morts, et accompagnèrent, remplis d'émotion, les dix cercueils au cimetière.

Le génie de l'armée des Vosges, dans l'hypothèse d'une nouvelle attaque, voulait mettre la ville en état de défense ; il fit exécuter au séminaire des travaux de plus d'un genre, qu'un

---

[1]. Des hommes très peu favorables aux idées catholiques ont été frappés de ce fait : quelques-uns sont même venus examiner sur les lieux cette statue qui s'est maintenue dans un état de parfaite conservation, sur un champ de bataille jonché de morts et de mourants, au milieu des éclats d'obus qui, partout, sur les arbres, sur les murailles inférieures, et même sur les marches du piédestal, ont laissé des traces de leur passage. (Notes du discours prononcé par Mgr Landriot, le 30 avril 1871.)

général inspecteur déclara bons à quelque chose dans des combats à coups de boules de neige.

Quelques jours après le combat d'Autun, il ne restait au séminaire que les artilleurs charentais et les mobiles de l'Aveyron ; ces derniers, catholiques pour la plupart, et pleins d'une ferveur qu'entretenait facilement leur digne aumônier, M. l'abbé Dalquier, de Milhau, célébrèrent de leur mieux la fête de Noël, au séminaire même. Il y eut une messe de minuit, — ce fut la seule dans toute la ville ; — plus de cinq cents y communièrent ; on dit la messe dans un dortoir pour les malades ; dans la journée, il y eut grand'messe, et le soir salut solennel, terminé par les chants religieux du pays natal de ces braves, heureux d'avoir eu cette sainte journée pour leur Dieu et pour leurs âmes.

Dans la seconde huitaine de janvier, Garibaldi conduisit une seconde fois son armée à Dijon : leurré par les Prussiens, « il ne gêna nullement la marche de l'ennemi de l'ouest à l'est..., ne fut d'aucune utilité à l'armée de Bourbaki... (dépêches Freycinet) et abandonna Dijon en toute hâte, au moment de l'armistice, 29 janvier 1871.

M. de Combarieu, colonel des mobilisés de l'Isère, oublié par son général, avec son régiment, fut avisé de l'armistice par les Prussiens ; arrivé à Autun, pour avoir sous sa main ses soldats irrités contre l'état-major général, il exigea et obtint que son régiment seul tiendrait caserne au petit séminaire. Ces Dauphinois étaient façonnés à la discipline, les chefs s'occupaient avec intérêt de leurs subordonnés, un ordre véritable régnait parmi eux : dans la chapelle restée ouverte, un certain nombre de ces militaires, officiers et soldats, venaient chaque matin à la messe : pendant le carême ils suivaient les exercices religieux dirigés par un aumônier plein de zèle, M. Crozat, plus tard curé d'Uriage.

Le 8 mars, le séminaire étant complétement évacué, on annonça la rentrée pour le 18 avril ; il fallait bien ces quarante jours pour effacer les traces de l'occupation, refaire le mobilier, ou le remettre en état. Au jour dit, tout était prêt.

La rentrée fut nombreuse, et pour réparer le temps perdu, les labeurs scolaires furent poursuivis avec une ardeur inouïe qui permit aux élèves d'affronter avec succès les examens du baccalauréat.

Le 30 avril, jour du patronage de Saint-Joseph, fête des professeurs, eut lieu, sous la présidence de Mgr Landriot, l'ouverture du mois de Marie, dans une procession à la Vierge du jet d'eau.

La nouvelle statue, dont l'érection avait été décidée en 1867, était en place depuis un an[1]. M. Juillet, à qui on avait dû l'ancienne, s'était

---

1. Elle a été sculptée par M. Fauconnet, d'Autun. Le bloc dont elle est faite sort des carrières de Saint-Ylie (Jura). L'ancienne statue en terre cuite fut portée au bas du jardin, et placée entre deux tilleuls ; elle y est encore.

engagé à prêter pour cette inauguration le concours de sa parole : huit jours auparavant (22 avril 1870), il était mort au cours d'une mission qu'il donnait à Tournus, ce qui avait obligé M. Duchêne de rappeler lui-même les souvenirs de trente ans, et de montrer l'heureux succès de l'initiative prise par Mgr de Reims.

Celui-ci, à son tour, allait trouver, pour glorifier Marie, d'inoubliables accents. Pendant l'occupation prussienne de sa ville épiscopale, son âme avait été la proie d'angoisses sans nom ; il était heureux de respirer en dehors de cette atmosphère de plomb, heureux aussi de rendre un nouveau témoignage à la valeur de ses anciens diocésains, qu'il avait confirmés pour le plus grand nombre, et plus heureux encore d'apporter son suffrage au fait merveilleux de la préservation de la statue de Marie, pendant le combat du 1er décembre 1870. Sa parole fut particulièrement écoutée lorsqu'il donna aux élèves, comme sauvegarde infaillible, l'image de la sainte Vierge profondément gravée dans leurs cœurs.

On revint encore à la Vierge du jet d'eau, le soir de l'Assomption ; car pour remédier aux lacunes faites par les vacances forcées de la fin de 1870, et de plus de trois mois en 1871, on avait reculé la date de la sortie jusqu'à la fin d'août. L'assistance avait été nombreuse, la procession très belle, mais un malheur n'était pas loin.

Presque tout le monde était couché depuis un

moment, lorsque, vers neuf heures et demie, retentit ce cri qu'on n'entend jamais sans effroi : Au feu ! au feu ! L'incendie, résultat d'une imprudence, avait éclaté près de l'infirmerie ; les élèves se réveillèrent en sursaut ; les plus rapprochés du lieu du sinistre tentèrent en vain de le combattre, les moyens dont ils disposaient étaient insuffisants : bientôt les pompes municipales, celle de la gare que l'on put hisser jusqu'au dernier étage tout près de la caisse à eau, s'attaquèrent vivement au foyer de l'incendie. Pendant deux heures, malgré tout le dévouement des pompiers, des militaires de passage à Autun, des employés de la gare et des nombreux amis de la maison qui étaient venus prêter main forte, et qu'animait la présence des autorités, on désespéra presque d'arrêter ses progrès : vers minuit, cependant, grâce à l'absence de vent et au savoir-faire des ouvriers, le feu s'arrêta au milieu de l'aile de la chapelle et du grand bâtiment. Le reste de la nuit fut occupé à surveiller les restes à peine éteints des charpentes.

Le jour venu, il fallut, comme en novembre 1870, faire à la hâte ses préparatifs pour des vacances auxquelles on n'avait pas songé.

A l'indemnité payée par la compagnie d'assurances, les anciens élèves et les amis du séminaire ajoutèrent des sommes suffisantes pour que tout fût encore une fois rétabli, et l'on put rentrer comme de coutume,

Pendant les vacances de 1872, 21 août, la *Réunion fraternelle*, décidée depuis trois ans, fut inaugurée solennellement en présence de Mgr Landriot, archevêque de Reims, qui la présidait, et de Mgr de Marguerye, évêque d'Autun, qui, au moment de quitter le diocèse, voulait la favoriser de ses dernières bénédictions. Le concours fut exceptionnel; plus de trois cent cinquante ecclésiastiques ou hommes du monde avaient répondu à la convocation qui leur avait été adressée.

Dans son allocution, Mgr de Reims exprima son bonheur de voir fonctionner cette association, à laquelle il souhaita de réaliser de plus en plus la fusion des cœurs et la vitalité de la foi ; puis il donna avec toute la solennité du Pontifical la bénédiction apostolique, au nom de Pie IX, qui avait paternellement exaucé la supplique à lui adressée par S. Em. le cardinal Pitra, heureux à son tour d'avoir pu, ancien élève et professeur, obtenir cette grâce aux membres de cette association pour le bien de la patrie et l'accroissement du sacerdoce. [1]

La Réunion fraternelle des anciens élèves du petit séminaire d'Autun commençait sous les plus favorables auspices : malgré les deuils qu'elle aura à porter et les épreuves que traversera le séminaire, elle est pleine de vie. Les comptes rendus de ses assemblées successives sont là

---

1. Compte rendu de la *Réunion fraternelle*, 1872.

pour en témoigner, et dire qu'elle a satisfait au programme tracé par ses fondateurs.

Après avoir vu ce que le zèle de M. Duchêne lui avait fait exécuter pour les succès littéraires et la chrétienne éducation de ses élèves, il ne sera pas hors de propos de rappeler brièvement les améliorations apportées, sous son gouvernement, à l'édifice même du séminaire.

Mgr d'Héricourt, nous l'avons dit plus haut, avait légué une somme assez importante pour la construction d'une galerie qui devait clore la cour d'honneur. Mgr de Marguerye prit à cœur d'exécuter ce dessein ; aux libéralités de son prédécesseur et ami il ajouta les siennes ; la galerie d'Héricourt était achevée en 1854, elle devait contenir, dans une moitié, l'étude des grands, et dans l'autre, les classes de rhétorique, seconde et troisième.

Cette construction permit de revenir au projet qu'avait eu M. Juillet, d'élever des cloîtres ou portiques aux quatre côtés de la cour. Un appel fut adressé en 1856 aux amis du séminaire. Les professeurs de cette époque souscrivirent généreusement : la grille de fer sous la galerie est leur œuvre. Au bout de quatre ans, les cloîtres terminés facilitaient chaque jour les mouvements généraux, et, en cas de mauvais temps, offraient un abri pendant les récréations [1]. « Enfin une

1. Notice de M. Duchêne, 1863.

large et belle avenue réunit les nouvelles constructions à la route de Dijon, et une grille de 9 mètres de long sur 4 de haut remplaça la méchante muraille qui avait succédé aux chefs-d'œuvre de ferronnerie mutilés et volés pendant la Révolution. » [1]

Cette grille, placée en 1861, est un don de l'excellent serviteur déjà nommé autre part ; elle lui coûta 3,800 francs.

Une autre construction, ajoutée à la maison des petits, fut menée à bonne fin pendant les vacances de 1859 ; elle permit d'offrir aux enfants de cette division un dortoir neuf et des classes.

Signalons à l'intérieur la translation des infirmeries dans l'aile du sud-est, avec chapelle au milieu ; l'augmentation du nombre des dortoirs nécessités par l'élévation croissante du chiffre des élèves.

En 1869 et 1870 on refit les toits à neuf ; les tuiles employées venaient d'Alsace. Ce fut une dépense d'au moins 35,000 francs. Les armes de Mgr de Roquette [2] furent sculptées au fronton central de la façade du nord. Quelques années auparavant, les eaux de la fontaine avaient été amenées jusqu'au troisième étage, d'où elles se distribuaient

---

1. *Epigraphie aut.* II, 236.
2. Il portait de gueules à un roc d'argent, issant de la pointe de l'écu, au chef du second, chargé de trois étoiles de gueules.

en divers endroits, et alimentaient le jet d'eau, dont le bassin fut cimenté à neuf en 1870. Des sommes assez considérables furent affectées à ces améliorations. [1]

Tous ces travaux ont été faits au vu et au su de tout le monde par l'administration du séminaire, sans contrôle ni contribution de l'État qui, loin de répéter un droit quelconque, intervint au contraire à diverses reprises, pour autoriser le petit séminaire à s'agrandir de divers terrains joignant ses murs, et acquis soit de la ville d'Autun [2], soit de M. Mazoyer et de Mgr de Marguerye [3]. Un décret précédent, 29 mai 1875, avait autorisé le petit séminaire à recevoir de Mgr Landriot un legs fait pour de nouvelles constructions.

Ces actes de l'État laissent raisonnablement supposer qu'il reconnaissait au petit séminaire un vrai droit de propriété. M. Duchêne n'eut pas la douleur de voir ce droit contesté, ou plutôt foulé aux pieds.

Le 22 février 1873, veille du dimanche des Quarante-Heures, en pleine nuit, Mgr Léopold-René de Léséleuc de Kerouara, successeur de Mgr de Marguerye, arrivait à Autun : le petit

---

1. Après les réparations faites à la chapelle, en 1842, douze messes avaient été fondées pour les bienfaiteurs. Le nombre en fut doublé après la construction des cloîtres : on les célèbre encore.
2. Décrets impériaux du 9 janvier 1854 et du 15 décembre 1864.
3. Décret présidentiel du 2 août 1875.

séminaire eut l'honneur de le recevoir. Les élèves étaient couchés, il bénit en descendant de voiture les professeurs libres de surveillance, et pendant les courts instants qu'il leur fut donné de passer en sa compagnie, ils sentirent combien il serait facile au nouveau prélat de gagner les esprits et les cœurs. M. Duchêne, lui, était ravi. Le lendemain, Monseigneur dit la messe de communauté, présida le diner, à la fin duquel, dans une charmante causerie, il mit en relief les charmes d'une autorité paternelle.

A diverses reprises il revint au petit séminaire, et les sentiments de respect et d'affection s'affirmaient chaque fois davantage; aussi ce fut une véritable consternation parmi les professeurs et les élèves quand, au matin du 17 décembre, ils apprirent que leur évêque bien-aimé était mort subitement la veille au soir.

Pendant les vacances précédentes, Mgr de Léséleuc avait voulu juger par lui-même de l'état du séminaire. M. Duchêne lui soumit des notes dont nous extrayons ce qui suit : le chiffre des élèves s'était élevé de cent soixante-trois en 1851, à trois cents; pour les grosses réparations et constructions nouvelles, subventions à des élèves peu fortunés, le séminaire avait fourni 341,000 francs; de 1851 à 1871, deux cent cinquante environ de ses élèves étaient devenus prêtres.

Il était donc prouvé que la maison était prospère, et que bien mal fondé était le reproche formulé par quelques-uns qu'elle ne fournissait pas d'élèves ecclésiastiques.

Cette prospérité continua et s'accrut; mais une grande douleur allait frapper M. Duchêne et son séminaire : l'archevêque de Reims, l'ancien supérieur, celui qui, deux années auparavant, s'offrait à tous les élèves passés et présents comme « un père, un frère, un ami [1], » Mgr Landriot mourait le 7 juin 1874. L'une de ses dernières pensées fut encore pour la maison qu'il aimait tant.

Peu après, 9 juillet, et c'était une compensation de leur deuil, professeurs et élèves s'associaient avec bonheur au magnifique cortège organisé pour la réception du pasteur que Pie IX avait donné à l'Église d'Autun.

Mgr Adolphe-Louis-Albert Perraud, à la distribution des prix, entendait avec une cordiale sympathie l'expression des souvenirs émus que M. Duchêne dédiait à Mgr Landriot : le nouvel évêque avait été aussi son ami. [2]

A l'assemblée de la Réunion fraternelle, cette même année, Mgr Perraud fit entendre de réconfortantes paroles, en louant la fidélité des souvenirs envers ceux que la mort avait frappés, et en souhaitant à tous les autres dans le cœur adorable de Notre-Seigneur Jésus-Christ, « l'intégrité

---

1. Réunion fraternelle de 1872, p. 12.
2. Notice lue le 3 août 1874.

de la vraie foi et la fidélité constante de la vraie charité. »

Le lendemain un magnifique pèlerinage d'hommes avait lieu à Paray-le-Monial : c'était un ancien élève du petit séminaire, M. Guérin-Muller, négociant à Paris, qui en avait eu la pensée ; ce furent les membres de l'Association qui composèrent la masse des pèlerins.[1]

Peu après, le 4 octobre, Mgr Perraud venait en personne apporter à M. Duchêne des lettres de vicaire général honoraire. Ses enfants et ses amis applaudirent à une distinction qui récompensait des services rendus par le supérieur, et permettrait au vicaire général de les augmenter encore.

Pendant ses dernières années, il put avoir la joie de sentir sa maison pleinement florissante.

Aux vacances de 1875 *l'Alliance des maisons d'éducation chrétienne* vint y tenir, pendant trois jours, ses modestes assises, où l'on cherchait à trouver en commun les meilleures méthodes pour faciliter tout ce qui constitue la bonne éducation.[2]

Dans les premiers jours de septembre, S. Em. le cardinal Pitra honora de sa visite le petit séminaire « qui avait eu et qui gardait encore toutes

---

1. Réunion fraternelle de 1874.
2. *Semaine relig.* 1875, p. 744.

ses affections [1]. » — Il exprima son désir et son espoir, — jamais réalisés, hélas ! — d'y revenir un jour de Réunion fraternelle. [2]

L'assemblée de cette Association en 1876 fut particulièrement brillante ; les meilleurs souvenirs du séminaire revécurent dans la chaude parole de M. Lelong, président ; Mgr Perraud croyait pouvoir saluer, dans un avenir prochain l'érection d'une chapelle qui serait mieux en harmonie avec la majesté de l'édifice. A côté du prélat se trouvaient : M. Edmond Bonneau du Martray, général du génie en grand uniforme, tout constellé de décorations, et M. Ernest Pinard, l'ancien ministre. Au cours du banquet le général fit entendre pour traduire son affection envers le séminaire et ses anciens maîtres, des paroles que Monseigneur appela « le langage des évêques. » M. Pinard, en portant la santé de Sa Grandeur, revint lui aussi sur les souvenirs de jadis, dont il saluait notre évêque comme « le dépositaire et le gardien. » [3]

En 1877, par un décret du maréchal de Mac Mahon, en date du 24 août, M. Lelong, vicaire général, l'un des fondateurs et le président de la Réunion fraternelle, fut désigné comme évêque de Nevers. Avec tout le diocèse, le petit sémi-

---

1. Lettre de Mgr Battandier.
2. *Semaine relig.*, 782.
3. Réunion fraternelle, 1876.

naire s'honora de cette nomination qui pourtant allait éloigner un de ses meilleurs amis; il fut préconisé dans le consistoire du 21 septembre avec son ancien collègue, Mgr Bouange, qui, à l'époque où Mgr de Marguerye se retirait, était devenu curé de Saint-Géraud d'Aurillac.

L'année suivante, dans les premiers jours de mai, les deux prélats venaient au séminaire où chacun se plut à admirer les sentiments d'affection qu'ils témoignèrent aux professeurs et aux élèves. Le mois d'après, au jour où l'on célébrait joyeusement pour la dernière fois la fête de M. Duchêne, 28 juin, Mgr Bouange, dont « le cœur était toujours à Autun, » adressait au bon supérieur, avec ses souhaits, des lettres autographes qui le nommaient et l'instituaient chanoine honoraire de Langres; cette nomination ne fut connue qu'après la mort de M. Duchêne.

Pour la Réunion fraternelle en 1878, on espérait avoir Mgr Lelong, toujours président. De pressantes occupations l'empêchèrent d'y venir en personne. M. le supérieur, chargé d'interpréter ses sentiments, se demanda quel était le souffle inspirateur de l'association; il crut pouvoir dire qu'il procédait des qualités, et surtout de la bonté, de ceux qui avant lui-même avaient comme créé l'atmosphère morale du petit séminaire.

S'il eût été permis d'interrompre, on aurait dit tout d'une voix que, dans ses justes éloges, M. le supérieur oubliait quelqu'un, et ce quelqu'un c'était lui-même ; car nous ne croyons pas qu'aucun de ses prédécesseurs ait eu sur le cœur de ses élèves l'empire si doux exercé pendant presque trente ans par M. Duchêne.

En terminant, il indiqua la bonne voie que semblait avoir prise le projet de construction d'une chapelle, et il exprima l'espérance que, même sans avoir à son service la lyre d'Amphion, il verrait un jour cette chapelle élevée, et son séminaire bien complet.....[1]

Ces paroles si douces à entendre avaient cependant trahi de la fatigue : M. Duchêne était gravement atteint, et si pour le moment il domina le mal, si dans le reste de la journée il sut montrer à tous son affabilité habituelle, l'effort se devinait, et l'on eut bientôt la triste certitude qu'il était irrémédiablement frappé au cœur.

Il put encore présider la rentrée et continuer pendant quelques jours, à remplir les devoirs de sa charge. Le jour de la Toussaint, il montait pour la dernière fois à l'autel. Avec des alternatives de mieux il y eut des crises pénibles : mais, pendant plus de cinq mois, tout en étant obligé de garder la chambre ou le lit, il n'oublia pas de se faire rendre un compte exact de la conduite et du travail de ses enfants.

M. Duchêne souffrit beaucoup : de sa maladie

---

[1]. Réunion fraternelle, 1878.

d'abord qui minait peu à peu son tempérament très robuste, et aussi de douleurs plus pénibles et plus intimes, à peine révélées à une amitié discrète et fidèle. Une grande humilité, l'abandon à la volonté de Dieu et la confiance en sa miséricorde lui faisaient garder le calme et la paix.

Fortifié par le secours des derniers sacrements, mais épuisé par des crises de suffocation, il rendit son âme à Dieu le mardi de Pâques, 15 avril 1879, vers les six heures du soir.

Dans la matinée, il avait dit : Je n'ai été qu'un pauvre prêtre qui a tâché seulement de faire un peu de bien, qu'on ne fasse donc point d'éclat à mon occasion.

Mgr Perraud eut le regret de n'avoir pu assister M. Duchêne en ses derniers moments. Mgr Lelong, averti de la mort de celui qu'il avait aimé en vrai fils, interrompit sa visite pastorale et arriva à Autun dans la soirée du 16, quelques heures après la mort, à la maison mère des Sœurs de la Charité de Nevers, de Bernadette Soubirous, l'humble enfant de Lourdes devenue sœur Marie-Bernard.

Le matin du 17 avaient lieu, à la cathédrale, les funérailles de M. de la Roque, chanoine titulaire et vicaire général honoraire, mort dans la matinée du 15 ; celles de M. Duchêne, après une messe solennelle, *corpore præsente*, à dix heures, furent célébrées au séminaire, vers le soir.

En présence des deux évêques d'Autun et de Nevers, M. Bezonquet, ancien professeur et doyen du Chapitre, présida au chant des vêpres des Morts : quand elles furent terminées, Mgr Lelong, en chape et en mitre, adressa, des marches de l'autel, à l'assemblée d'ecclésiastiques, d'officiers supérieurs du 29e, de religieuses, etc., qu'avec les élèves la chapelle pouvait à peine contenir, des paroles qui trouvèrent aisément le chemin des cœurs. Après M. Farges et Mgr Landriot, le séminaire perdait encore M. Duchêne; la tristesse était donc légitime; le diocèse, sa famille, ses amis étaient douloureusement frappés, mais ils ne devaient pas le pleurer, comme ceux qui n'ont pas d'espérance, et à travers leurs larmes ils devaient chercher à apercevoir la magnifique couronne réservée à celui qui, pendant tant d'années, avait instruit un si grand nombre d'enfants et de jeunes gens dans la justice chrétienne.

Un imposant cortège accompagna le cher et vénéré défunt à sa dernière demeure. Cinq ans auparavant, il avait acquis une concession perpétuelle tout près du monument de M. Farges, pour recevoir d'abord le cercueil de M. Perrot. C'est là qu'il fut déposé à son tour, et bientôt un monument simple mais digne fut élevé par ses enfants à celui dont leurs cœurs gardera fidèlement la mémoire.[1]

Parmi les membres du corps professoral au temps de M. Duchêne, nous devons citer l'humble

1. Circulaire de Mgr Perraud, *Semaine religieuse*, 1879, pp. 300, 312 et suiv. et souvenirs.

maître d'étude qui est devenu évêque au Japon, Mgr Bernard Petitjean. Généralement, à cette époque, les professeurs faisaient un long stage au séminaire; M. Lequin y était depuis 1837; M. Berland depuis 1840, M. Marmillot depuis 1848; d'autres depuis plus de vingt ans.....

Parmi les élèves de M. Duchêne qui ont embrassé la carrière ecclésiastique figure au premier rang Mgr Lelong, évêque de Nevers, sacré le 21 novembre 1877, qui lui avait voué depuis longtemps une affection filiale. Nous citerons ensuite, dans le diocèse : les deux vicaires généraux titulaires, plus de vingt chanoines titulaires ou honoraires, et près de trois cents prêtres; en dehors du diocèse, plus de trente religieux ou membres des Missions étrangères : M. Fillion chez les Sulpiciens, le P. Lagrange chez les Dominicains se sont fait un nom dans l'exégèse biblique; le P. Jean Bulliot, mariste, dans les sciences philosophiques. Dans l'armée, MM. les généraux Muzeau et Javouhey (né à Mana, Guyane); M. le colonel A. Comte; un lieutenant colonel M. A. Bazin; deux commandants, M. E. Rocaut et M. R. d'Anglejan; plusieurs capitaines, entre autres M. Abel Farges, neveu de l'ancien professeur de philosophie; M. Harold de Fontenay, ancien élève de l'École des chartes, prématurément enlevé par la mort le 3 août 1889; l'histoire religieuse d'Autun avait été par lui étudiée avec le plus grand soin; M. A. de Charmasse, élève du petit séminaire au temps de M. Landriot, est auteur de plusieurs ouvrages estimés sur l'histoire locale. Dans la magistrature, M. Jules Buffe était arrivé jeune au poste de procureur général : en 1880, il brisa sa carrière pour suivre la voix de sa conscience.

Le nom et la carrière du plus grand nombre attirent moins l'attention, mais tous se rappellent avec bonheur celui qu'ils nomment encore leur Père Duchêne : grâce à l'œuvre de la Réunion fraternelle, ils peuvent venir tous les deux ans raviver ces bons souvenirs, et c'est à lui qu'ils doivent en grande partie cette satisfaction.

M. Truchot. — I. — 1879-1884.

A partir du jour où le mal arrêta absolument M. Duchêne, M. Martinet, directeur, le remplaça, aux termes du règlement, dans toutes ses fonctions ; il en fut de même après sa mort, et cela dura jusqu'à la nomination d'un nouveau supérieur ; elle se fit attendre plus de deux mois.

Dans cet intervalle, à défaut d'un supérieur visible, la mémoire de celui qu'on avait perdu demeurait bien présente aux professeurs comme aux élèves.

Le mercredi 28 mai, un service solennel de quarantaine fut célébré pour le regretté défunt ; Monseigneur, revenu la veille d'une longue visite pastorale, voulut assister à cette messe que célébra M. Mangematin, vicaire général ; les ecclésiastiques y étaient nombreux.

Sa Grandeur vint, le 8 juin, fête de la sainte Trinité, dire la messe de première communion et donner la confirmation ; elle ne dit rien du futur chef de la maison.

On ne devait cependant pas tarder trop de connaître le nom attendu : de pressantes démarches avaient été faites auprès de M. Nuguet, ancien professeur de rhétorique, et depuis presque douze ans aumônier des Visitandines de Mâcon ; ses motifs de refuser furent agréés par l'autorité. Les professeurs qui avaient connu M. Nuguet, et c'était le grand nombre, auraient été satisfaits de ce choix ; quelque pressentiment de sa fin prochaine dicta peut-être à M. Nuguet une réponse négative, et épargna au séminaire un deuil précipité. [1]

Le jour de la solennité du Sacré-Cœur, 22 juin, un peu avant midi, Monseigneur fit part aux professeurs d'abord, et ensuite dans la chapelle à tous les élèves, du choix qu'il avait fait de M. Truchot, professeur de philosophie, pour guide et père de ses enfants du petit séminaire.

Celui qui, la veille, avait consenti à assumer cette charge, répéta alors à Monseigneur, ses promesses d'obéissance filiale ; à M. le directeur et à ceux qu'il continuait d'appeler ses confrères, il fit entendre d'affectueuses paroles ; aux élèves qui devenaient ses enfants, il manifesta des sentiments paternels et exprima de douces espérances. Une profonde émotion avait gagné l'assemblée tout entière ; le *De profundis*,

---

1. M. Nuguet mourut le 21 septembre de cette même année,

demandé par Monseigneur à l'intention de M. Duchêne, clôtura l'installation.

Le soir, à la belle procession d'usage, Monseigneur voulut que le très saint Sacrement fût porté par M. Truchot ; lui-même suivit simplement le dais : la fête terminée, il prit congé du nouveau supérieur en l'embrassant avec effusion.

Les dernières semaines de l'année s'écoulèrent rapidement : à la distribution des prix, M. le supérieur lut sur M. Duchêne une notice où il mettait en relief les qualités d'esprit et de cœur, de cœur surtout, qui avaient caractérisé son bien-aimé prédécesseur.

Avant la fin des vacances une décision épiscopale supprima les classes de français [1] ; M. Antoine chargé du premier cours, fut envoyé à la maîtrise de Chauffailles ; à la rentrée le chiffre des élèves du petit séminaire n'était plus que de 268, et il alla en diminuant, mais d'une façon peu sensible, durant les cinq ans qui vont suivre. [2]

La maison de Rimont qui, à l'origine, ne devait pas conduire ses élèves au delà de la quatrième, était devenue un établissement de plein exercice ; son personnel d'étudiants s'augmenta avec rapidité. Semur et Autun devaient en subir le contre-coup, cependant ici et là on pouvait espérer d'avoir encore de beaux jours.

---

1. *Semaine rel.*, 1879, p. 502 et suiv.
2. Registres du P. S.

L'année scolaire qui suivit ne fut marquée par aucun événement extraordinaire. Le 22 septembre, à l'occasion de la *Réunion fraternelle*, Monseigneur, accompagné d'une nombreuse assistance, bénit au cimetière le monument élevé à M. Duchêne. Dans son allocution à la chapelle, il avait déjà célébré sa mémoire ; M. Mangematin, à l'assemblée générale, paya un tribut d'éloges mérités aux longues années que le regretté défunt avait consacrées à son séminaire : à la fin du banquet, M. Truchot fut proclamé par Monseigneur chanoine honoraire ; il prit possession de sa stalle le samedi 16 octobre.

Pendant les vacances, sur un vain bruit, certains parents exprimèrent la crainte que la classe de philosophie ne fût supprimée à Autun et à Semur : une note autorisée de la *Semaine religieuse* (p. 785), vint les rassurer.

Le 4 novembre 1880, en vertu des fameux décrets du 29 mars, les Pères Oblats de Marie furent violemment expulsés de leur maison du Sacré-Cœur ; on ne prévoyait pas qu'avant quatre ans le séminaire, victime lui aussi de la brutalité sectaire, viendrait y demander asile.

Après une longue et douloureuse maladie, la supérieure des religieuses du séminaire, Mère Symphorien, succombait le 3 décembre ; depuis plus de quarante ans elle y avait prodigué ses services très appréciés des professeurs, des parents et des élèves. Ses funérailles furent honorées d'un grand concours. Interprétant ses désirs, on déposa ses restes tout près des murs du séminaire.[1]

Au bout de quelques jours, Sœur Emérence, compagne et compatriote de la défunte qu'elle avait amèrement pleurée, versa de nouvelles larmes en se voyant obligée de devenir supérieure à son tour ; elle était au séminaire depuis la rentrée de 1856.

Deux mois plus tard, 12 février 1881, la mort d'un jeune élève, François Saveron, de Nolay (Côte-d'Or), portait un coup violent à la santé de M. le supérieur ; elle se rétablit pourtant, et il retrouva ses forces ; il allait lui en falloir pour résister à d'autres épreuves.

Le 4 décembre 1880, la sous-préfecture d'Autun venait de recevoir un nouveau titulaire, M. Gaston Joliet, originaire de Dijon : sous-préfet de la Flèche, il avait présidé naguère à l'expul-

---

1. Déjà, en 1864, un ancien élève du séminaire, Marie-Eugène-Henri de Tulle de Villefranche, mort à Cannes le 15 septembre, à l'âge de trente-sept ans, avait exprimé sa volonté d'être inhumé « le plus près possible de son cher séminaire ; » ses funérailles furent célébrées dans la chapelle le 16 novembre. Une sœur de sa grand'mère, née de Tourzel-Croy, avait épousé M. de Montijo, grand-père de l'impératrice Eugénie. (Lettre de famille.)

Cet exemple fut imité par Louis Aumônier, de Marcilly-lès-Buxy, mort le 30 janvier 1881, à la Fontaine-la-Mer, dans sa trente-neuvième année. Sœur Eulalie en 1888, Mère Emérence en 1897, furent placées auprès de Mère Symphorienne.

Non loin se trouvent aussi les tombes de Louis Luquin (1882) et d'Emiland Masson (1895), domestique du séminaire pendant près de quarante-quatre ans.

sion des Bénédictins de Solesmes, au nombre desquels se trouvait un de ses cousins âgé de dix-neuf ans et portant aussi le nom de Joliet.[1]

Ce n'était pas là une recommandation auprès des catholiques, aussi la visite officielle qu'il tenta chez le chef du diocèse fut loin de le satisfaire.

Il n'y avait plus à sa portée de religieux à expulser. Le sous-préfet en était réduit à chercher un autre moyen de vengeance. Le petit séminaire sera sa victime.

Avant de dire cet exploit, donnons un souvenir bien mérité au bon, à l'excellent serviteur que Dieu rappela à lui le 6 février 1882.

Louis Lequin était né à Collonge-la-Madeleine, le 9 janvier 1803; il vint jeune au séminaire, où il passa presque soixante ans. Chrétien complet, il fut pour tous un modèle. Levé dès les quatre heures du matin, il servait une messe, où il recevait fréquemment la sainte communion, et tout en se renfermant dans son humble office de cuisinier, il ne pouvait cacher des qualités peu communes qui lui méritèrent la considération, nous dirons même le respect de tous ceux qui furent en rapport avec lui. Longtemps avant sa fin, il ne touchait plus de gages et employait ses ressources personnelles en bonnes œuvres. Pendant

---

[1]. *Les Moines de Solesmes*, expulsions du 6 novembre 1880, par E. Cartier. Le Mans, Monnoyer, 1882.

de longues années, sa santé très robuste lui permit de remplir seul ses fatigantes obligations. La maladie qui l'emporta ne fut pas de longue durée. Nous nous souvenons avec bonheur d'avoir vu son humilité profonde et sa grande foi lorsqu'on lui apporta le saint Viatique : c'était le dimanche 5 février, le lendemain il n'était plus de ce monde. En 1870, il avait tremblé pour le séminaire menacé par les obus prussiens ; le bon Dieu lui épargna la douleur de le voir, pour la deuxième fois, confisqué par le gouvernement de la France.

En cette année 1882, l'*Union des associations ouvrières catholiques* avait choisi, avec le consentement de Monseigneur, la ville d'Autun pour y tenir son congrès annuel ; ses séances auraient lieu au petit séminaire.

Ce fait très simple et très innocent devait être exploité pour y trouver un *prétexte* d'enlever au diocèse l'immeuble jadis confisqué, puis restitué, et que des sacrifices volontaires avaient depuis soixante-dix ans remis en bon état.

Nous avons dit : prétexte, car dès le premier juin *la République du Morvan* donnait de la voix et réclamait la reprise par le gouvernement du petit séminaire.

Après l'annonce du congrès dans la *Semaine* du 10 juin, une vague rumeur se répandit que, s'il avait lieu, le séminaire serait pris : pouvait-on croire à une absurdité si odieuse ?

La Réunion fraternelle précéda le congrès ; elle

eut lieu le 7 août et fut joyeuse; Monseigneur et M. Mangematin, président, dirent l'obligation et la douceur du souvenir. La salle de l'assemblée avait été ornée par les organisateurs du congrès; les armes de Léon XIII, de Mgr Perraud, de la ville d'Autun, la croix avec les mots venus du ciel pour Constantin : *In hoc signo vinces*, n'avaient rien de compromettant pour un gouvernement quelconque.

Ce que fut le congrès, nous n'avons pas à le dire ici; mais nous pouvons assurer qu'on n'y attaqua pas la République; à l'affirmation absolue et catégorique de Monseigneur, pourrait se joindre au besoin le témoignage de chacun des assistants; seules la mauvaise foi et la sottise peuvent avancer le contraire.

La feuille citée dira plus tard, 12 juillet 1885, et sur un ton de triomphe que *M. Gaston Joliet a été le promoteur de la désaffectation du séminaire.* Il n'a pas que nous sachions renié ce titre, pas plus qu'il ne s'est défendu d'avoir, selon le même journal, *expulsé les Bénédictins de Solesmes.* [1]

Le lendemain de la clôture du congrès, le conseil municipal d'Autun, à l'instigation de qui? délibéra sur le séminaire, et en vota, après des considérants peu juridiques, la reprise par l'État et sa

---

[1]. Dans son n° du 27 septembre de la même année, elle redit que M. Joliet a été le principal instigateur de cette mesure, et elle s'attend à voir plus d'un geai vouloir se parer des plumes du paon.

transformation en établissement laïque. Les considérants et le vœu final furent adoptés par le conseil général, le 25 du même mois.[1]

Monseigneur dans son *Mémoire aux ministres*, n'eut pas de peine à réduire à néant les accusations portées contre le congrès, et le mal fondé des principes auxquels on s'en était référé pour demander, sans dire le mot, la confiscation du petit séminaire.

Il établit ensuite que : 1° le petit séminaire ne figurait pas dans le tableau officiel des édifices domaniaux occupés par les services ecclésiastiques ; 2° depuis sa restitution, l'État n'y avait exercé aucun droit, ni assumé aucune charge.

S'il eût suffi d'avoir raison, pour que la cause fût gagnée, le diocèse n'avait rien à craindre : malheureusement il n'était pas le plus fort.

Une consultation rédigée et signée le 23 décembre 1882, par MM. Bosviel et Davin, docteurs en droit, avocats au conseil d'État et à la cour de cassation, conclut « qu'au seul point de vue du droit, le petit séminaire d'Autun est propriétaire du domaine qu'il occupe. »

Dans l'année 1883, *le Temps* s'étant fait l'écho des calomnies contre Monseigneur, et ayant parlé de la soi-disant *désaffectation* du séminaire, s'at-

[1]. Au conseil général la plupart de mes collègues, passés à la République avancée, ceux-mêmes qui avaient été élevés à l'école dont on voulait fermer les portes, ou qui y envoyaient encore leurs enfants, gardèrent un prudent silence, et votèrent selon le mot d'ordre du parti. (Ernest Pinard, *Mor. Journal*, I, p. 10.)

tira de la part du prélat des rectifications qui ne laissaient aucune place à l'équivoque.[1]

La rentrée s'opéra au mois d'octobre selon la coutume : personne n'ignorait plus les menaces dont le petit séminaire était l'objet; les cœurs étaient attristés, cependant on ne voulait pas désespérer encore.

Au mois d'avril 1884, un décret élaboré en conseil d'État contre le séminaire avait été signé par le président Grévy. Le décret parlait naturellement de *désaffectation*. Monseigneur se rendit immédiatement à Paris, eut une audience du président qui ne déclara pas enlever le droit de légitime revendication devant les tribunaux compétents. Les jurisconsultes chargés de s'occuper de cette grave affaire maintenaient leurs conclusions et promettaient de continuer leur concours.[2]

Le jour de la sortie, on crut pouvoir annoncer que la rentrée aurait lieu le 11 octobre, mais on apprenait aussitôt l'insertion du décret au *Bulletin des lois*. Restait, semblait-il, le recours à la justice ouvert à qui se croit iniquement spolié.

Le mardi 9 septembre, Monseigneur, après en avoir donné avis aux ministres, repartait pour Paris.

Au départ d'Autun, Gaston Joliet prit place

1. *Semaine relig.* du 14 juillet 1883.
2. *Semaine relig.* du 20 avril 1884.

dans le même wagon, mais pas dans le même compartiment. Alla-t-il cette fois jusqu'à Paris, pour assurer le succès de ses menées; avait-il, dans un précédent voyage, obtenu la certitude de sa victoire ? nous ne saurions le dire, mais les deux ans écoulés depuis les premières manifestations suffiraient seuls à prouver qu'il n'était pas arrivé sans peine à gagner les signatures voulues.

Au lieu de donner audience au prélat, les ministres se turent trois jours durant, et le 12 ils lui adressèrent, non pas à Paris, mais à Autun où ils savaient qu'il n'était pas, une dépêche disant qu'en exécution du décret du 12 avril, la rentrée des élèves ne pourrait avoir lieu dans l'immeuble désaffecté, et que le déménagement devrait être terminé au plus tard le 18 septembre.

La mise en demeure était brutale, un délai si court paraissait odieusement ridicule. Après un moment d'hésitation, et pour éviter des inconvénients majeurs, on se résigna à le subir.

Grâce au concours empressé et sympathique trouvé dans la masse de la population, et à l'hospitalité généreusement offerte par diverses familles, le mobilier du séminaire put être mis en sûreté dès la soirée du 18, et les professeurs trouvèrent quelque abri.

Le matin de ce jour, sur le seul autel laissé en place, dans la chapelle, auprès de l'étude des grands, M. le supérieur avait dit une dernière messe; ses confrères y firent la sainte communion :

les expulseurs, croyaient-ils, ne devaient pas se faire attendre.

Ils ne vinrent pas. Inutile de dire que les heures parurent longues à ceux qui, prêts à s'en aller, ne voulurent cependant céder qu'à la force.

Il fut convenu dans la journée que le sous-préfet viendrait, le vendredi soir, *prendre* les clefs de la maison ; Monseigneur, ses vicaires généraux et le personnel du séminaire seraient seuls témoins de son acte.

Ce même jour Monseigneur apprenait que le préfet Laffon, répondant à une interpellation du conseiller général et député Magnien, avait loué le décret de *désaffectation,* et repris pour son propre compte les calomnies dont le congrès de 1882 avait été le prétexte. Aux paroles du magistrat administratif, l'évêque opposait celles-ci :
« Il y a deux choses que je suis absolument résolu de ne laisser dire par personne, tant qu'elles n'auront pas été l'objet d'un débat contradictoire et public, que je réclame en vain depuis deux ans : la première c'est que l'État nous chasse de chez lui ; et la seconde, qu'il nous chasse en punition d'une conspiration qui aurait eu pour théâtre le petit séminaire d'Autun. »

« Dépouiller les faibles, quand on est le plus fort, est une morale qui a trop souvent eu cours dans le monde, pour qu'on ait le droit d'en être surpris. »

« Diffamer ceux qu'on dépouille, et prendre

leur honneur pour s'autoriser à prendre leur bien, est un procédé que réprouve encore la conscience publique. Nos vainqueurs auraient pu s'en épargner l'odieux. »[1]

Le vendredi passa, et le sous-préfet ne vint pas. On a dit que le receveur des domaines n'avait pas toutes les pièces et instructions nécessaires, mais on a dit aussi que M. Joliet, malgré les assurances données, craignait de se trouver en face de protestataires nombreux.

La veille au soir, il lui avait fallu écouter, sans mot dire, les propos très peu flatteurs pour lui, de deux de ses administrés, qui le suivaient dans la rue de l'Arquebuse ; il menaça même d'en dénoncer au parquet deux autres qui, en plein jour, avaient eu l'audace de le regarder fixement !

Le samedi, rien encore. Il fallut se résigner ; mais quel triste spectacle que cette maison vide, ces terrasses souillées de débris, cette chapelle sans Dieu !

Dans la matinée du dimanche, le préfet venait à l'aide de son subordonné. Allait-il agir par lui-même et rapidement ? Un peu après midi il envoyait un représentant supérieur de l'administration des domaines demander à Monseigneur la remise des clefs du petit séminaire.

Le chef du diocèse pouvait laisser prendre ces clefs en cédant au plus fort ; il ne pouvait les remettre en reconnaissant un prétendu droit.

---

[1]. *Semaine relig.* du 27 sept. 1884.

Après ce refus, le préfet « pour vaincre la résistance *matérielle* opposée par l'évêque à l'exécution du décret, se résolut à prendre les mesures nécessaires. Ses opérations commenceraient le lendemain lundi, à partir de six heures du matin. » [1]

Si le préfet prenait ses mesures, l'évêque, de son côté, devait prendre les siennes.

A l'heure dite, il serait au séminaire avec ses vicaires généraux, et le personnel de la maison, assisté d'un avoué et d'un huissier : il n'y avait pas de quoi intimider les représentants de l'État.

Les deux brigades de gendarmes à cheval d'Autun avaient précédemment reçu des ordres. Dans la nuit du 20 au 22, on manda d'urgence les gendarmes à pied d'Épinac et d'Étang. Pourquoi ce luxe de force armée, si le préfet ou le sous-préfet devait être obligé seulement à *prendre les clefs* ?

Voici, croyons-nous, le mot de l'énigme : à partir de neuf heures du soir, ceux qui passaient sur la route, au bas du séminaire, purent apercevoir un grand nombre de fenêtres éclairées : évidemment les professeurs seuls ne pouvaient occuper tant de place : la sous-préfecture fut avisée. Il y avait donc au séminaire une assistance nombreuse qui avait trouvé le moyen de s'y glisser sans être aperçue, et dont il faudrait, le lendemain, affronter les regards et les observations :

---

1. Lettre du préfet à Mgr Perraud, le 21 sept. 1884.

deux brigades de renfort ne seraient pas de trop.

M. le sous-préfet avait été la dupe d'innocentes bougies qui brillaient dans des appartements vides.

Bien avant l'heure indiquée, Monseigneur, avec ses vicaires généraux, arrivait au petit séminaire ; M. le supérieur et le plus grand nombre des professeurs l'y attendaient en compagnie de M. Croizier, avoué, et de M. Quesnel, huissier.

Réunis au parloir, ils entendirent de la bouche de leur évêque la lecture de quelques versets de l'Imitation : *De regia via sanctæ Crucis*. Cette méditation était finie avant six heures.

Au dehors, gendarmes à pied et à cheval viennent surveiller l'enceinte et garder l'entrée du séminaire : on attend le préfet, ou au moins M. Joliet. Ils ne paraîtront pas. L'homme du gouvernement sera le commissaire spécial à la gare de Mâcon, François Poitou, qui s'était fait la main en expulsant les Jésuites de Paray, quatre ans plus tôt.

Ce qui s'est passé, à partir de l'arrivée de cet agent, nous l'empruntons simplement au *procès-verbal de constat* dressé par ministère d'huissier. Voici ce document :

A 6 heures 50 minutes, un monsieur, vêtu de noir, *dépourvu de tout insigne*, accompagné de M. le commissaire de police d'Autun et de cinq agents de police, se présente à la porte du petit séminaire ; de l'extérieur où il se trouve, séparé de nous par la porte à barreaux en fer, M° Croizier, avoué, M. Mangematin, grand vicaire, et nous, lui demandons ce qu'il désire. Il nous répond qu'il venait ici, en vertu d'un décret qui prononce la désaffectation du petit séminaire, « demander
» la remise des clefs de cet établissement, en
» prendre possession au nom de l'État, et avait
» ordre de rester à son poste jusqu'à ce que l'on
» ait effectué la remise desdites clefs ; » ajoutant être porteur de pièces et pouvoirs suffisants pour remplir la mission qui lui était confiée, et nous a exhibé la pièce dont la description textuelle suit, écrite sur une feuille de papier double, grand format :

« Nous préfet de Saône-et-Loire, arrêtons :
» M. François Poitou, commissaire spécial de
» police à la gare de Mâcon, est spécialement délé-
» gué à l'effet de procéder à la reprise de posses-
» sion des immeubles de l'ancien petit séminaire
» d'Autun, désaffecté par décret du 12 avril 1884,
» et de diriger tous les détails de cette opération.
» Autun, le 22 septembre 1884 ; le préfet de
» Saône-et-Loire, signé : René Laffon. »

Après une conférence de quelques intants avec Mgr Perraud qui était à l'intérieur des bâtiments, nous revînmes auprès de M. Poitou et lui avons fait observer que :

Quant à la forme de l'acte administratif qu'il nous exhibait, sans apprécier sa valeur, cette pièce n'était pas revêtue du cachet de la préfecture, et en ce qui concernait la remise des clefs elles étaient entre les mains de Mgr Perraud qui n'avait pas à les lui remettre, mais laisserait M. le commissaire de police s'en emparer, sur sa menace de recourir à l'emploi de la force, ensuite de la protestation que Mgr Perraud se réservait de formuler avant l'accomplissement de ce coup de main.

M. le commissaire de police nous a alors déclaré qu'il se retirait pour en référer à M. le préfet en ce moment à la sous-préfecture d'Autun : après environ un quart d'heure d'attente, M. Poitou, commissaire de police, revint et *nous déclara qu'il avait ordre d'employer la force, et se découvrant il prononça ces mots*, toujours à l'extérieur de la première grille : *Au nom de la loi, ouvrez, remettez-moi les clefs, sinon je vais employer la force armée*. Sur cette injonction nous répondîmes que pour éviter tumulte et scandale dans la rue, nous consentions à ce qu'il vînt réitérer les ordres qui lui permettaient d'employer la violence, à la seconde grille donnant accès aux bâtiments et distante d'environ soixante mètres de la première ; la porte immédiatement ouverte par nos soins, M. Poitou, accompagné de M. le commissaire de police d'Autun et de ses agents, s'avance jusqu'à la seconde grille, et tandis qu'il se tient à l'extérieur, nous rentrons rejoindre à l'intérieur le groupe qui entourait Mgr Perraud.

— M. le commissaire de police se présente à la grille de la cour devant Mgr Perraud et tout le personnel des professeurs et dit : *Monseigneur, au nom de la loi, je requiers l'exécution du décret qui désaffecte le petit séminaire et j'ai mission d'accepter les clefs de la maison.* A quoi Monseigneur a répondu : « J'aurais à faire deux observations préalables ; j'attendais qu'une autorité plus haute vînt elle-même exécuter les ordres du gouvernement ; je pourrais désirer aussi que le délégué choisi par M. le préfet eût les insignes de sa délégation. Quant à votre demande, je croirais manquer à tous mes devoirs de propriétaire et trahir la responsabilité qui m'incombe, *si je vous remettais* moi-même les clefs de l'immeuble dont on nous chasse. Elles sont là, vous pouvez les prendre : et ce disant, Monseigneur montrait à M. le commissaire la clef déposée à l'intérieur sur une petite table, tout à côté de la grille, et placée de telle sorte que le fonctionnaire du gouvernement n'eût qu'à étendre la main à travers les barreaux de la grille, pour s'en saisir. M. le commissaire se refuse à cet acte, prétextant qu'il avait ordre *d'accepter* la clef et *non de la prendre*, prétextant, en outre, qu'on lui avait parlé d'un salon dans lequel il serait reçu et qu'on l'attendait à la porte de la maison de manière à rendre sa démarche plus pénible ; prend alors le parti de se retirer avec M. le commissaire de police d'Autun et ses agents derrière la première grille, et retourne à la sous-préfecture référer de nouveau à ses chefs et prendre de nouvelles instructions. Quelques instants après, M. Poitou revient et nous déclare, toujours derrière la porte de la première grille, qu'il a non seulement mission de faire ouvrir de force, mais de s'emparer des clefs; devant cette menace formelle de l'emploi de la force, il est introduit dans le parloir où Mgr Perraud et tout le corps professoral s'était retiré. Sur une table, la clef principale était déposée et, au moment même où *M. Poitou*, toujours accompagné de M. le commissaire de police d'Autun, *étend la main et s'empare de cette clef*, Mgr Perraud lui adresse la protestation suivante, malgré son refus de vouloir l'entendre :

« En ma qualité d'Évêque du diocèse et de président du bureau d'administration du séminaire, je proteste contre l'acte qui nous expulse aujourd'hui de l'immeuble possédé depuis soixante-douze ans par le petit séminaire d'Autun.

» Je poursuivrai la réparation de cet acte par toutes les voies légales.

» Dès maintenant, au nom de nos titres de propriété et des droits garantis par le Code à tous les citoyens français; au nom des intérêts si respectables des familles qui nous avaient confié leurs enfants ; au nom des services dont le diocèse et la ville d'Autun sont redevables à cet établissement depuis trois quarts de siècle, je fais appel à Dieu et aux hommes de la violence que nous sommes obligés de subir. »

Cette protestation achevée Mgr Perraud se retournant vers son entourage dit ces simples mots : « Messieurs, nous sommes expulsés, sortons. » Puis de son côté, Mᵉ Croizier, avoué, toujours au nom du requérant, déclare audit M. Poitou, protester contre l'illégalité des actes que ce dernier vient d'accomplir et faire toutes réserves les plus expresses en faveur des droits dudit requérant.

Les expulsés, précédant Monseigneur, dont les gendarmes saluèrent réglementairement la croix d'honneur, prirent par les jardins du grand séminaire, pour arriver à l'évêché, où ils eurent la consolation d'assister à la messe que célébra en versant des larmes le prélat ému jusqu'au plus intime de son cœur.

La messe terminée, il fallut se disperser, et en attendant la reconstitution du séminaire, accepter l'hospitalité cordialement offerte par de généreuses personnes, à qui nous sommes heureux d'exprimer encore ici toute notre reconnaissance.

M. Truchot. — II. — 1884-1898.

L'évêque d'Autun et le corps professoral étaient chassés de leur demeure, le policier qui avait exécuté son triste mandat put perquisitionner à tous les étages, et se convaincre que l'immeuble était vraiment déshabité. Préfet et sous-préfet, avertis qu'il n'y avait rien ni personne à craindre, vinrent à leur tour visiter le théâtre de leur facile victoire, et ils en prirent possession au nom de l'État.

Des frères et amis les y rejoignirent bientôt. Quelques inscriptions laissées çà et là par des déménageurs peu contents, certains *graffiti* expressifs, purent bien ne pas plaire aux nouveaux venus ; mais ils étaient maitres de la place, et les hommes du gouvernement annoncèrent qu'en attendant mieux on allait installer..... un concierge ! [1]

De son côté, Monseigneur, cinq jours après la mainmise effectuée par l'État sur le petit sémi-

---

[1]. V. *Autunois* du 25 sept. 1884.

naire, adressa à ses diocésains un appel où il disait, encore une fois, qu'on lui avait refusé toute explication sur les motifs de l'expulsion, tout examen contradictoire des questions de droit, tout jugement devant les tribunaux; puis il déclarait ouverte une souscription pour reconstituer le petit séminaire.

Cette année, les élèves trouveraient un abri provisoire : la division des petits, dans la propriété diocésaine occupée par les missionnaires de Saint-Jean, les deux autres dans la maison du Sacré-Cœur, mise à la disposition des expulsés, par d'autres expulsés. [1]

Le 6 octobre, une adresse à Monseigneur, rédigée avec le concours de plusieurs anciens élèves, fut envoyée par le comité de la Réunion fraternelle à tous ceux qui en faisaient ou avaient droit d'en faire partie. Elle revint avec des signatures très nombreuses aux mains de M. le supérieur. [2]

Cette adresse rappelait qu'on avait refusé au chef du diocèse tout recours à la justice; et opposant la conduite de l'autorité municipale d'Autun, en 1757 et 1811 [3], à celle de la même autorité en 1882 et 1884, indiquait un peu les motifs d'intérêt personnel qui avaient fait agir les vrais auteurs

---

1. *Semaine relig.* de 1884., p. 781.
2. *Semaine*, p. 829.
3. Qu'on se rappelle aussi le rapport adopté par la municipalité de 1791.

de la confiscation ; elle disait enfin le sens final de cette mesure inique, c'est-à-dire la haine de l'idée religieuse.

Avant et après l'acceptation de l'hospitalité chez les Pères Oblats, plusieurs démarches furent faites pour assurer au petit séminaire une demeure stable. Il fut question du pensionnat de Chagny, du château de Saint-Aubin-sur-Loire, de celui de Pierre-en-Bresse, d'autres endroits encore : pour des motifs divers ces démarches n'ont pas abouti.

Il fallait que la rentrée ne fût retardée que le moins possible : trois semaines suffirent au zèle de M. Lagoutte, architecte, pour qu'on fût à même de recevoir les élèves, le 23 octobre, dans les deux endroits désignés par Monseigneur.

Ils revinrent nombreux, contents de se retrouver ensemble, de revoir leurs maitres, après plus de deux mois d'une séparation qui aurait pu être définitive, et de pouvoir poursuivre leurs études dans le refuge offert par la Providence. Les locaux étaient bien aménagés, mais au premier abord, le contraste ne manquait pas d'être pénible : plus de ces vastes champs de récréation, plus de ces larges espaces où la vue s'étendait librement, et surtout plus de ces souvenirs aimés et tant de fois invoqués ; ce sera pour tous ceux qui avaient été les heureux habitants de l'ancien séminaire une cause de perpétuels regrets.

La maison qui allait abriter le plus grand

nombre des élèves possède, elle aussi, une intéressante histoire.

Bâtie pour des religieuses de la Visitation *en la rue aux Roys*, avec l'aide de Françoise Rabutin-Chantal, dame de Toulonjon, fille de sainte Chantal, elle fut par elles occupée le 17 octobre 1627, et leur séjour y dura jusqu'à la fin de 1791.

Pendant la Terreur, le couvent des *Sainte-Marie* servit à la détention *dé personne suspec de Bibrac* : — l'évêque schismatique J.-L. Gouttes fut une de ces personnes *suspec*, — puis on en fit une caserne, qui servit plus tard à loger des prisonniers de guerre.

En 1820, par concession de l'État, la ville en devint propriétaire; le 1er décembre 1821, elle en céda la jouissance aux Dames du Sacré-Cœur; on le leur amodia en 1831, et dix ans après on le leur vendit. Ce pensionnat eut longtemps la faveur des grandes familles d'Autun et des environs; contrariées par de pénibles circonstances, elles prirent en 1857 le parti de l'abandonner; depuis, elles ont regretté ce départ.

Les Oblats de Marie Immaculée ayant acquis l'immeuble en 1862, ils commencèrent à y arriver le 21 du mois d'août; peu à peu tout leur scolasticat vint s'y fixer. La chapelle, artistement transformée en 1875 par les soins de M. Lagoutte, fut fermée le jour de l'expulsion des religieux, 4 novembre 1880. Les scellés y étaient encore sur la porte principale, lors de l'arrivée des séminaristes ; ils furent levés avec l'agrément de M. Joliet, juste quatre ans après leur apposition. [1]

Vers la fin de l'année 1884, le bureau d'administration des séminaires fut assigné en *référé* devant le tribunal de première instance, à cause des dégâts opérés dans la *furia* du déménagement, peut-être aussi à cause des *graffiti* malicieux. Évitant que la question fût plaidée au fond, le président n'admit pas la plainte, vu que les faits incriminés étaient déjà de date ancienne, et que depuis la désaffectation bien des étrangers, introduits dans la maison, pouvaient avoir été les auteurs de certains dégâts et même de déplaisantes silhouettes.

Une fois installé, même provisoirement, le petit séminaire retrouva à peu près sa vie normale. Dans son heureuse monotonie, cette existence écolière peut donner lieu à de nombreuses considérations, mais dans ce qu'elle a de meilleur et de plus intime, elle échappe à l'histoire.

Les labeurs scolaires recommencés et poursuivis depuis de longues années déjà ont continué de préparer des hommes, des chrétiens, des prêtres. Tous les ans des diplômes loyalement conquis prouvent le sérieux des études ; et le petit séminaire envoie au grand des aspirants au

---

[1]. *Epigraphie autunoise*, II, 132 et suiv.

sacerdoce, proportionnellement au nombre de ses propres élèves.

Ce nombre, après s'être maintenu à deux cents jusqu'en 1890, a malheureusement décliné. Malgré le provisoire de l'installation les anciens élèves étaient restés, mais ce même provisoire n'a pas été de nature à provoquer l'arrivée de nouvelles recrues, dans les classes inférieures en particulier. D'autre part, des maisons d'éducation chrétienne, fondées non loin de nous, ont attiré chez elles une assez grande quantité d'élèves appartenant au diocèse.

Le corps professoral, toujours dévoué à sa tâche aussi importante que modeste, l'a reprise et s'y adonne avec intelligence et cœur : il n'est pas besoin d'autre réclame.

Nous allons maintenant essayer de donner quelque idée des faits qui ont marqué davantage dans l'histoire du petit séminaire, pendant les années qu'il a déjà passées au Sacré-Cœur.

Aussitôt venues les premières vacances, on se hâta de convoquer la Réunion fraternelle. Les obstacles qui l'avaient retardée d'un an sont trop connus. La fête de famille fut célébrée avec joie par tous ceux qui purent venir en prendre leur part, mais le souvenir du passé jeta et jettera pendant longtemps un voile de tristesse sur cette joie. Dans les paroles de notre évêque vénéré, dans celles du président de l'association ou du trésorier, comme dans les épanchements cœur à cœur, toujours il y aura quelque chose d'amer à se rappeler les jours d'autrefois, dont le retour cependant peut être l'objet de nos légitimes espérances. Nous ne parlons pas ou guère des autres assemblées de la Réunion fraternelle : leur compte rendu est entre les mains de tous ceux qu'elles peuvent intéresser.

Dans sa sollicitude pour ses maisons diocésaines d'éducation, Monseigneur établit, en 1886, l'*œuvre du Saint-Rosaire*, qui doit aider les élèves peu fortunés, dans le cours de leurs études[1]. Souhaitons à cette œuvre de grande importance tout le succès qu'elle mérite.

Cette même année, un incident attira pendant quelques jours l'attention sur l'ancien séminaire.

Avant la Révolution et jusqu'en 1790, les professeurs et les séminaristes morts à la maison avaient reçu leur sépulture dans la chapelle basse ; il en fut de même pour ceux du petit séminaire au temps de l'union, c'est-à-dire de 1710 à 1757, et même après. Leurs restes furent atteints au mois de mai 1886, par les travaux qu'exécutait le génie militaire pour approprier l'immeuble à sa nouvelle destination, une école d'élèves de cavalerie : certaine presse crut avoir trouvé là matière

---

1. *Semaine relig.* de 1886, p. 183 et suiv.

à scandale ; des registres particuliers et les archives départementales donnèrent les noms des ensevelis : il fallut se taire.

Le 20, après un service célébré dans la chapelle du grand séminaire, les ossements réunis en trois cercueils furent religieusement et solennellement conduits à la crypte de la chapelle de Saint-Martin : qu'ils y reposent en paix ! M. le supérieur et un certain nombre de professeurs appelés à la cérémonie rentrèrent pour quelques instants, dans cette maison d'où on les chassait moins de deux ans auparavant.[1]

Lorsque le petit séminaire s'installa au Sacré-Cœur, le P. Delpeuch et le P. Magnin avec deux frères, y avaient encore leur domicile : ils firent le meilleur accueil à ceux qui venaient le partager, et tout en continuant de mener ensemble leur vie de communauté religieuse, ils avaient avec les professeurs des rapports très sympathiques. Un des frères mourut en 1887, le 20 mars ; au mois de juin, ses supérieurs appelèrent le P. Delpeuch à un autre poste. Le P. Magnin et son compagnon reçurent l'ordre de rejoindre leurs confrères à la maison de Saint-Jean, dans le courant de juillet. Ces départs laissaient libres quelques appartements qui furent donnés à des professeurs. Quatre ans après, on en avait aménagé d'autres ainsi que des classes, et la section des élèves de

---

1. *Semaine relig.* de 1886, pp. 351 et 370.

Saint-Jean put venir rejoindre les ainés de la famille; octobre 1891.

A la rentrée de 1889, l'orgue de l'ancien séminaire, bien avarié dans le déménagement, et relégué depuis lors dans un coin obscur, put être convenablement restauré par M. Didier, facteur de Rambervillers, et placé dans la chapelle. C'est un ami des jours passés, dont les contemporains ont entendu de nouveau les accents avec une émotion facile à comprendre.

Une innovation heureuse avait déjà été introduite dans les coutumes : nous voulons parler des séances musicales et littéraires données de temps à autre, pour la plus vive satisfaction de tous ceux qui peuvent y assister.

La première eut lieu à l'occasion du jubilé pontifical de S. S. Léon XIII, au soir du jour de l'an 1888. Après une ouverture d'orchestre, la gloire du Pasteur suprême fut célébrée en prose par un discours d'un élève de philosophie, puis des pièces de poésie latine et française, s'entremêlant avec la musique, vinrent, comme autant de belles fleurs, s'offrir au très Saint-Père qui, s'il eût été là, affirmait Monseigneur, aurait été ému et satisfait.

Parmi celles qui vinrent ensuite, deux méritent une mention à part : et d'abord celle du 27 avril 1890, en présence de Mgr Perraud et de Mgr Lelong. Après divers morceaux de musique instrumentale et vocale, plusieurs pièces poétiques en latin et en français. On applaudit chaleureusement un vrai poème, *la Création*, dont la lecture précéda l'histoire musicale des quatre premiers jours du monde (Haydn). Œuvre de M. l'abbé Nouveau, professeur de philosophie, ces vers d'une large facture, où l'exactitude scientifique des termes ne fait que mettre davantage en relief la couleur et la vie, furent très appréciés, et prouvent un grand talent[1]. Ils ont été publiés en brochure à la librairie Dejussieu.

La seconde est celle du 28 décembre 1895 ; elle était offerte à l'évêque d'Autun devenu Son Éminence le Cardinal Perraud. Quelques jours auparavant, la ville s'était distinguée en lui faisant une réception triomphale : la fête de famille organisée en l'honneur du nouveau Prince de l'Église eut aussi un éclat extraordinaire, sans rien perdre de son caractère plus spécialement filial. Tous les spectateurs étaient heureux de la joie qu'ils apercevaient sur les traits du père du diocèse, et le bonheur des élèves se traduisit en applaudissements enthousiastes, lorsque le dernier mot d'une révélation mystérieuse leur fut dit : *Une semaine de vacances à l'occasion du jour de l'an.*

1. *Semaine relig.* de 1890, p. 309.

Au milieu du mois de juillet 1892, une solennité sans précédent a été célébrée au séminaire : nous voulons dire les noces d'or sacerdotales de M. le chanoine-économe Berland ; depuis cinquante-deux ans il appartenait au corps professoral ; il était prêtre depuis cinquante ans passés : c'était justice que de donner à ce jubilé, unique dans l'histoire de la maison[1], une splendeur à part.

A la grand'messe, célébrée par le héros de la fête, étaient venus assister deux de ses condisciples de 1830, M. Méreau, curé d'Issy-l'Évêque[2], et M. Tavernier, curé de Toulon-sur-Arroux. Après l'évangile, M. le supérieur exprima la joie de toute l'assemblée, appela de nouvelles bénédictions de Dieu sur cette longue carrière, en y joignant celles des générations nombreuses qui ont profité de tant de soins et parfois de tant de peines.

Dans la salle de réunion, et sous les regards de Monseigneur, la fête se continua par des chants et de nouvelles félicitations auxquelles le bon M. Berland répondit par de gracieuses paroles, aimablement soulignées par Sa Grandeur.

Dans le festin jubilaire, évidemment ce jour-là on ne pensa pas à faire d'économies.

M. Berland prit sa retraite aux vacances qui

---

1. M. Jean Mallet, supérieur du petit séminaire après M. Henri-Louis-Auguste de Roquette, a été fait prêtre en 1694 et n'est mort qu'en 1747. On aurait pu célébrer son jubilé.
2. Mort à Autun, le 8 juillet 1894.

suivirent ; sa robuste santé nous permet d'espérer qu'il célébrera ses noces de diamant.

Après avoir dit les fêtes du séminaire, il nous faut aussi raconter ses deuils : inopinés pour la plupart, la douleur qu'ils ont causée a été d'autant plus amère.

Le premier en date est celui qui arriva le 8 mars 1887 : un professeur, M. Lazare-Marie-Xavier Cornu, fut enlevé par une fluxion de poitrine, en moins de quatre jours.

M. Nouveau, son ami de cœur, a retracé la vie trop courte de M. Cornu, dans une notice [1] qui restera une des plus émouvantes pages de l'histoire du séminaire. Tous ceux qui l'ont connu gardent pieusement la mémoire de ses qualités et de ses vertus, de sa profonde humilité surtout.

Moins d'un an après, le 19 janvier 1888, sœur Eulalie Gauthier, née à Lauras (Aveyron), le 23 mars 1811, s'endormait paisiblement dans le Seigneur ; elle n'avait guère été arrêtée que deux semaines. Sa vie religieuse presque entièrement consacrée au service des infirmeries ou des hôpitaux au Sénégal d'abord, puis en France, à Limoux, Carcassonne, Montpellier, devait se terminer à Autun où elle était venue pendant les vacances de 1857. Les sympathies qui se manifestèrent durant sa maladie et à ses funérailles

1. Librairie Dejussieu.

attestent l'estime que lui avaient méritée une vie de foi et de dévouement.

En 1889, le séminaire fut particulièrement frappé de la perte que fit l'Église dans la personne du cardinal Pitra, « mort très pieusement à Rome, le 9 février, au soir de la vigile de sainte Scolastique, anniversaire de sa profession monastique à Solesmes; il était dans sa soixante-dix-septième année. Moine depuis quarante-six ans, il y en avait presque vingt-six qu'il avait été fait cardinal. [1] » Nous avons dit ailleurs son amour pour le petit séminaire et son empressement à demander pour la Réunion fraternelle, la bénédiction apostolique.

Au service solennel que Monseigneur voulut célébrer dans sa cathédrale, il se fit assister par M. le supérieur et M. l'économe, deux professeurs faisaient diacre et sous-diacre; on avait réservé aux élèves l'honneur de chanter la messe.

Donnons aussi un souvenir à un serviteur fidèle, Emiland Masson, qui a passé près de quarante-quatre ans au petit séminaire : après quelques jours de ce qui paraissait un simple malaise, il fut trouvé mort dans son lit, dans la nuit du 20 au 21 mai 1895.

L'année scolaire 1896-1897 fut attristée par la perte de deux jeunes élèves. Le 7 décembre, Paul Billard, de Marly-sous-Issy, fut enlevé par

---

1. Son épitaphe.

un mal dont on ne pouvait tout d'abord soupçonner la gravité, et que la science médicale fut impuissante à combattre. Le 30 juin, ce fut le tour de Claude Devillard, de Rigny-sur-Arroux, élève de troisième; il n'avait guère plus de quinze ans, on le savait extraordinairement favorisé des meilleurs dons de l'esprit et du cœur. Trois semaines d'une affection rhumatismale aiguë vinrent à bout de cette existence qui promettait tant; seule la grande piété de ce jeune homme put consoler une famille chrétienne, en même temps qu'elle faisait l'édification de ses condisciples. [1]

Aux dernières heures du soir de l'Assomption, cette même année, Dieu appelait à lui Mère Émérence, supérieure des religieuses du séminaire. Alitée depuis quelques jours seulement, elle dit bientôt à diverses personnes, et sans se troubler, qu'elle mourrait en la fête prochaine de la sainte Vierge. On n'ajoutait pas croyance à ces paroles, les médecins eux-mêmes pensaient qu'elle avait triomphé encore une fois de ces crises de cœur qu'elle éprouvait depuis bien des années.

Elle, au contraire, persistant dans son affirmation, voulut recevoir les derniers sacrements : ses désirs furent exaucés. Elle fit encore la sainte communion la veille et le matin même de la solennité. Les docteurs, croyant à une vraie amélioration, avaient dit qu'ils ne reviendraient

---

1. V. la Notice écrite par M. l'abbé V. Terret.

pas ce jour-là. Le soir arrivé, on crut devoir les appeler ; un seul, M. Victor Gillot, put se rendre à cet appel, et ce fut pour voir mourir, au milieu des soins dévoués, celle pour qui il professait un reconnaissant respect.

Née à Chabeuil (Drôme), le 14 mars 1829, Louise Perrot, qui devait être Mère Émérence, entra jeune chez les sœurs de Saint-Joseph de Cluny. Amenée au séminaire en 1856, par la Mère Symphorien, elle y a passé le reste de sa vie.

Le petit séminaire ! elle s'y était attachée de tout son cœur, sentait vivement ses joies, plus vivement encore ses épreuves ; celle de l'expulsion lui causa une douleur suprême.

Les treize ans qu'elle a vécus dans la maison du Sacré-Cœur virent s'épuiser ses forces ; nous avons dit quelle a été sa fin inattendue pour tout le monde, excepté pour elle-même.

La chapelle put à peine contenir l'assistance des ecclésiastiques, des religieuses, des amis du séminaire, qui s'étaient fait un devoir de venir prier pour Mère Émérence et de l'accompagner à sa dernière demeure. Au cimetière, son corps a été déposé auprès de ceux de Mère Symphorien et de Sœur Eulalie.

Ce n'est pas une témérité de croire que leurs âmes sont réunies auprès de Dieu, qui sait récompenser plus qu'au centuple la fidélité et la persévérance dans une vie d'abnégation et de sacrifice.

Quatorze ans bientôt auront passé depuis la soi-disant désaffectation. Des professeurs expulsés un grand nombre ne sont plus au séminaire.

Quatre sont morts : M. Cornu en 1887; M. Seurtet en 1890; M. Marmillot, qui s'était retiré en 1889, est mort en 1894; M. Couteaudier, frappé de paralysie en 1892, a succombé à la fin de 1897.

Cinq sont entrés successivement dans le ministère : MM. Denojean, Deline, Corniot, Prieur, Belin.

M. Ménot a été appelé à la chancellerie épiscopale en 1889; M. Bonnamour, à la maîtrise en 1892; la même année M. Berland a été autorisé à prendre sa retraite; celui qui a écrit ces lignes, un an après; en 1894, M. Nouveau a été nommé supérieur du petit séminaire de Semur; M. Martinet vient d'être fait chanoine titulaire.

M. Truchot, supérieur, avec M. Millot, qui était déjà professeur au temps de M. Duchêne, MM. Descombes, Munier et Terret ont connu la douleur de l'expulsion, et ils continuent encore l'œuvre importante qui leur a été confiée; ceux qui sont venus depuis ont à cœur de fournir courageusement leur tâche. Nous leur souhaitons de voir se maintenir et s'agrandir les succès dus à leurs efforts.

Pour obvier aux inconvénients d'une situation précaire, une société civile achetait l'immeuble des Oblats, à la fin de 1896; peu après, elle a acquis une maison contiguë, celle-là même où M. Ballanche avait établi le pensionnat qui fournit les premiers éléments de l'école de M. Bernard, à la porte des Marbres, et qui devint le petit séminaire en 1811.

Le diocèse recouvrera-t-il une fois de plus la propriété dont Mgr de Roquette l'avait enrichi ? Son Éminent successeur a fait entendre d'inoubliables revendications : avec lui appelons de nos souhaits les plus ardents le jour où « nous rentrerons dans cette maison qui, malgré tous les dénis de justice, est et restera toujours nôtre. » [1]

Oui, gardons l'espérance, et croyons que le bon droit dira le dernier mot.

1. Réunion de 1896.

TABLEAU
DU
PERSONNEL ENSEIGNANT
AU PETIT SÉMINAIRE
DE 1811 A 1898

MM.

Antoine ...... 1871-1879, mort directeur de la maîtrise de Chauffailles, 14 mars 1898.
Auduc........ 1876-1877, aumônier de l'hôpital, Cluny.
Aufillâtre..... 1817-1818, mort curé de Saint-Bonnet-de-Joux, 8 juin 1854.

Ballanche .... 1811-1813, mort curé de Morteau (Doubs), 1850.
Baron .... 1886-1887, curé de Change.
Belin .... 1856-1892, vicaire à Montcenis.
Benoît........ 1893-1895, bénédictin, à Marseille.
Berbey .... 1813-1816, mort sulpicien au grand séminaire, 25 mai 1819.
Berland J.-B.. 1840-1892, chanoine honoraire, à Autun.
Berland J..... 1854-1863, mort à Chalon, 28 janvier 1888.
Berlerin...... 1857-1860, curé de Saint-Christophe-en-Brionnais.
Bertelle ...... 1821-1842, mort retiré à Lucenay, 24 novembre 1871.
Berthier...... 1847-1851, curé de Saint-Pierre-le-Vieux.
Bertrand ..... 1862-1865, mort curé de la Clayette, 17 mars 1888.
Besson .... 1827-1830, mort aumônier à Mâcon 13 janvier 1864.

Bezonquet.... 1834-1840, mort doyen du chapitre, le 15 avril 1882.
Bonnamour... 1863-1892, chanoine honoraire, directeur de la maîtrise, Autun.
Bonnard...... 1886, professeur de cinquième.
Bonnin....... 1889, professeur de mathématiques.
Boussard..... 1843-1846, mort retiré à Culles, 18 août 1887.
Brintet....... 1869-1871, curé de Ciel.
Brulebois..... 1831-1834, mort curé de Brienne, 13 décembre 1862.
Bruley........ 1830-1831, n'était pas dans les ordres, mort en Amérique, à Houston (Texas), 1870.
Buchot....... 1860-1876, bénédictin à Silos (Espagne).
Burdin .... 1856-1858, curé de Dyo.

Cabut .... 1871-1877, aumônier à Chauffailles.
Campagnolle.. 1895-1897, 5, rue des Sous-Chantres, à Autun.
Canard .... 1831-1832, mort curé de Baron, 10 décembre 1861.
Carré......... 1814-1816, mort chanoine honoraire, curé de Sennecey, 8 avril 1865.
Carrion....... 1874-1877, curé de Saint-Gengoux-le-National.
Casseville .... 1889-1891, oratorien.
Cédon .... 1838-1853, mort curé de Broye, 24 novembre 1885.
Cerelier ...... 1831-1833, mort curé de Saint-Etienne-en-Bresse, 6 juin 1867.
Champion .... 1817-1818, mort retiré à Cluny, 23 juin 1873.
Changarnier.. 1827-1829, mort retiré à Simard, 27 août 1886.

LE PERSONNEL ENSEIGNANT 155

Chanlon ...... 1863-1866, à Alost (Belgique).
Chataignier... 1836-1838, mort curé de Tancon, 15 mai 1888.
Chatillon ..... 1829-1831, mort retiré à Mâcon, 15 novembre 1878.
Chaumont .... 1823-1826, mort chanoine honoraire, curé de Tournus, 28 mars 1883.
Chevailler. ... 1887-1898, curé de St-Martin-de-Commune.
Chifflot .... 1849-1853, mort au séminaire, 2 juillet 1853.
Chopin .... 1892-1895, vicaire à Mâcon, Saint-Vincent.
Clémencet.... 1838-1845, mort curé de Puligny (Côte-d'Or), 1887.
Clément ...... 1856-1893, 41, faubourg Saint-Andoche, Autun.
Clet ou Cley.. 1833-1837, n'était pas dans les ordres, a été professeur à Vaugirard.
Cloix .... 1895, professeur de septième.
Clunet........ 1831-1835, mort retiré à Tournus, 3 juillet 1869.
Collenot ...... 1872-1878, curé de Roussillon.
Comboulot.... 1828-1832, mort aumônier à Louhans, 18 mars 1865.
Compain...... 1820-1821, mort chanoine honoraire, retiré à Chalon, Saint-Pierre, le 28 mai 1881.
Comparay .... 1814-1815.
Corniot....... 1878-1886, curé de Saint-Didier-sur-Arroux.
Cornu .... 1877-1887, mort professeur, 8 mars 1887.
Couchot...... 1814-1816, mort à Tancon, après 1832.
Couillerot..... 1820-1821, mort retiré à Louhans, 13 avril 1870.
Couteaudier .. 1860-1892, mort à Laizy (les Griveaux), 28 décembre 1897.

Couturier....... 1811-1813, du diocèse de Dijon.
Creuseyault.. 1882-1883, curé de Demigny.
Cuénot....... 1813-1814, mort vicaire à Mâcon, Saint-Vincent, 1er décembre 1816.

Damichel..... 1816-1818, mort curé de la Chapelle-de-Guinchay, 19 juin 1836.
David .... 1837-1838, mort curé de Clermain, 6 décembre 1888.
Deline........ 1883-1886, au collège de Mont-Roland, Dôle.
Delorc........ 1841-1842, mort à la Retraite, Autun, 24 janvier 1872.
Delorme...... 1883, curé de Pouilloux.
Denojean..... 1877-1884, curé de Chauffailles.
Deschamps... 1823-1827, mort curé d'Uchizy, 16 mars 1853.
Descombes... 1883, professeur de seconde.
Desprat....... 1832-1833, mort curé de Ménetreuil, 22 janvier 1865.
Desvignes .... 1844-1846, mort curé de Tavernay, 4 octobre 1883.
Détang....... 1860-1862, curé de Saint-Romain-des-Iles.
Détivaux...... 1832-1833, mort chanoine honoraire, curé de Saint-Léger-s.-Beuvray, 11 juin 1891.
Doreau....... 1871-1874 — 1884-1886, aumônier, Champrosay (S.-et-O.)
Dubost....... 1840-1844, mort curé de Verzé, 27 novembre 1878.
Dubreuil (Bloüet) 1848-1862, mort chanoine prébendé, 23 décembre 1870.
DUCHÊNE...... 1840-1879, mort supérieur, chanoine, vicaire général honoraire, 15 avril 1879.

Dury	1823-1830,	mort retiré à Ozolles, 31 janvier 1886.
Farges	1841-1868,	mort au séminaire, professeur de philosophie, chanoine honoraire, 30 décembre 1868.
Flageolet	1874-1883,	curé de Rigny-sur-Arroux.
Gaguin	1855-1856,	curé de Pierreclos.
Gailleton	1852-1854,	chanoine honoraire, aumônier à Louhans.
Gauffre	1897,	maître d'étude.
Gauthier	1868-1869,	missionnaire en Chine (Kouang-Tong).
Gauvenet	1855-1857.	
Gimarey	1832-1836,	mort chanoine honoraire, aumônier à Autun, 24 mars 1861.
Grandjean	1816-1830,	mort chanoine honoraire, retiré à Buxy, 17 août 1887.
Guéniard	1842-1847,	mort curé de Saint-Seine-sur-Vingeanne (Côte-d'Or), 15 septembre 1855.
Guignot	1858-1873,	curé de Saint-Forgeot.
Guillard	1818-1820,	mort à Mâcon, 22 septembre 1853.
Guillemin	1853-1855,	retiré à Navilly.
Guillin	1892-1893,	curé de Monthelon.
Guy	1865-1866,	mort curé de Sevrey, 20 mai 1881.
Jacob	1842-1852,	mort retiré à Mâcon, 7 janvier 1886.
Jailloux	1855-1878.	
Jarrin	1887,	directeur.

Jayet............ 1847-1851, mort à Marolles (S.-et-O.), 22 janvier 1861.
Jouhant....... 1818-1831, mort curé de Saint-Sernin-du-Plain, 22 avril 1873.
JUILLET....... 1821-1825 — 1835-1841, mort chanoine titulaire, à Tournus, 22 avril 1870.
Juncas .... 1833-1837, n'était pas dans les ordres, mort négociant à Autun.

Lachot .... 1839-1845, mort curé de Seurre, 21 mars 1892.
Lacour....... 1829-1831, mort curé de Saint-Forgeot, 25 décembre 1888.
Lacour .... 1896, maître d'étude.
Lacroix....... 1885, professeur de philosophie.
Lagoutte ..... 1862-1863, curé de Montcenis.
Lagrange..... 1824-1826, excorporé pour la Guadeloupe en 1835.
Lagrange..... 1850-1858, mort à Notre-Dame-de-la-Chaux, 5 mars 1896.
Lagrost ...... 1854-1855, curé de Saint-Clément-s-Guye.
Lambouroux.. 1854-1855, curé de Varennes-l'Arconce.
Landriot...... 1837-1871, mort chanoine titulaire à Autun, 18 octobre 1881.
LANDRIOT... 1841-1849, mort archevêque de Reims, 8 juin 1874.
Larodas...... 1866-1879, aumônier à Chalon.
Latarte....... 1814-1815.
Laude........ 1887-1889, curé de Ratenelle.
Laurent....... 1833-1840, mort retiré à Saint-Germain-des-Bois, 30 mai 1887.
Laurier ...... 1842-1843, mort chanoine honoraire à Bordeaux, 1892.
Lavault ...... 1827-1843, mort curé de Saint-Didier-sur-Arroux, 23 janvier 1844.

LE PERSONNEL ENSEIGNANT

Lavergne..... 1844-1845, mort récollet à Rennes, 25 décembre 1880.
Lay.......... 1818-1820, mort curé de la Salle, 19 septembre 1854.
Lepetit....... 1815-1817, mort en 1818 vicaire dans le diocèse de Lyon.
Lequin....... 1837-1882, chanoine prébendé à Autun.
Lesave....... 1836-1837, mort curé de Collonge-la-Madeleine, 6 avril 1870.
LÉVEILLÉ..... 1816-1835, mort chanoine titulaire à Autun, 6 novembre 1872.

Magnien...... 1815-1816, mort curé de Saint-Martin-du-Lac, 6 avril 1859.
Maire........ 1843-1844, mort à Cuisery, 13 décembre 1897.
Mangematin.. 1866-1873, vicaire général.
Manneveau... 1814-1818, mort curé de la Chapelle-de-Guinchay, 28 juillet 1867.
Marbot....... 1820-1822.
Marmillot.... 1848-1889, mort retiré à Autun, 21 octobre 1894.
Martin Ed.... 1832-1835, mort curé de Jouvençon, le 25 mai 1864.
Martin E...... 1838-1845, mort chanoine honoraire à Autun, 9 janvier 1888.
Martin J.-B... 1846-1851, mort lazariste à Montpellier, 2 février 1875.
Martin J.-M... 1854-1866, mort aumônier à Bourbon-Lancy, 24 août 1877.
Martinet E.... 1856-1871, curé de Saint-Boil.
Martinet A.... 1868-1898, chanoine titulaire.
Masson....... 1836-1839, mort à Paris, 8 mai 1843.
Maublanc .... 1847-1848, mort vicaire de Cuiseaux, 10 juin 1850.

Ménéault.....	1822-1823,	mort à Laives, curé de Montconis, 20 avril 1872.
Ménot........	1858-1889,	chanoine honoraire, vice-chancelier de l'évêché.
Michaud......	1828,	(encore élève, faisait l'étude).
Mignot.......	1836-1837,	mort à Notre-Dame de la Chaux, 24 juillet 1881.
Miller........	1831-1848,	mort chanoine titulaire à Autun, 9 janvier 1865.
Millerand.....	1814-1822,	mort chanoine titulaire, à Autun, 29 septembre 1867.
Millot Et......	1820-1822,	mort chanoine honoraire, retiré à Saint-Germain-du-Bois, le 10 octobre 1887.
Millot Cl......	1877,	économe.
Monnot.......	1818-1831,	mort curé de Cordesse, 29 juin 1842.
Monnot.......	1824-1831,	mort curé de Curgy, 3 février 1854.
Morestin	1820-1821,	mort chanoine honoraire, curé de Rully, 3 août 1878.
Morin	1825-1830,	mort chanoine honoraire, curé de Givry, 13 mars 1871.
Moureau	1847-1859,	mort retiré à Bonnay, 1er mai 1898.
Mouret.......	1811-1813,	du diocèse de Besançon.
Munier.......	1882,	sous-directeur.
Mury.........	1893,	professeur de rhétorique.
Naudin.......	1836-1839,	mort chanoine prébendé, Autun, 7 septembre 1877.
Naulin........	1833-1837,	mort chanoine honoraire, curé de Saint-Pierre, Mâcon, 24 janvier 1880.
Noblet........	1881-1883,	professeur à Rimont.

LE PERSONNEL ENSEIGNANT — 161

Nogue........ 1844-1846, mort curé de Viré-en-Mâconnais, 20 avril 1893.
Noly.......... 1851-1854, mort à Bouton (Grande-Verrière), le 8 mai 1898.
Nourry....... 1894-1896, n'était pas dans les ordres.
Nouveau...... 1873-1894, supérieur du petit séminaire de Semur-en-Brionnais.
Nuguet....... 1846-1867, mort chanoine honoraire, aumônier à Mâcon, 21 septembre 1879.

Ocanot....... 1814-1816, mort vicaire de Rully, 30 décembre 1835.

Paris......... 1842-1844, mort curé de Jouvençon, le 6 avril 1871.
Pequegnot.... 1828-1833, mort chanoine titulaire, Autun 23 avril 1889.
Perret........ 1813-1814, mort à Mâcon.
Perrot........ 1824-1826, mort chanoine titulaire, Autun 21 août 1871.
Perrot........ 1846-1870, mort professeur de 4e, 16 juin 1870.
Perrotin...... 1851-1857, chanoine honoraire, curé à Mâcon, Saint-Pierre.
Perrusson .... 1876-1877, curé de Marly-sur-Arroux.
Petit .... 1845-1846, mort à Châtel (Jura), 29 juillet 1888.
PETITJEAN.. 1852-1854, mort évêque de Myriophyte à Nagazaki (Japon), 7 octobre 1884.
Pillard........ 1859-1862 — 1868-1871, mort chanoine titulaire, Autun, 11 avril 1898.
Pillot......... 1846-1847, mort à Mâcon, 22 mai 1885.
Piot .... 1833-1836, mort retiré à Buxy, 10 avril 1884.

PITRA....... 1835-1841, mort cardinal évêque de Porto et Santa-Rufina, 9 février 1889.
Pompanon.... 1853-1854, mort à la Clayette, 11 décembre 1856.
Portrat....... 1887-1889, curé de Charmoy.
Pourprix...... 1814-1824, mort chanoine d'Autun, à Ardoix (Ardèche), 21 mars 1869.
Preux........ 1878-1880, curé de Curgy.
Prieur........ 1873-1892, curé de Messey-sur-Grosne.

Quarré....... 1838-1841, assassiné à Laguna (Brésil). 25 décembre 1854.

Racine........ 1834-1836, mort (sous-diacre) à Gueugnon, 27 décembre 1860.
Regnaut...... 1846-1847, mort retiré à Autun, 29 mars 1884.
Renard....... 1820-1821, mort curé de Fleury-la-Montagne, 22 avril 1890.
Rougeot...... 1841-1842, mort curé d'Aluze, 5 avril 1860.
Roullot....... 1831-1841, n'était pas dans les ordres, mort à Cheilly, 1er février 1886.
Roux......... 1879-1881, professeur à la Maîtrise, Chauffailles,
Roy.......... 1853-1856, mort retiré à Saint-Gengoux-le-National, 27 février 1885.
Roy G........ 1854-1874, chanoine titulaire.
Ruben........ 1814-1818, sulpicien, mort à Paris, 29 avril 1842.

Senlit ou Senly 1814-1815, démissoire pour Quimper, 1817.
Segault....... 1892, professeur de sixième.

Servajon...... 1845-1848, mort curé d'Anzy, 6 février 1874.
Seurtet....... 1871-1887, mort à Autun (chez Mme de Fontenay), 6 février 1890.

Taboureau.... 1823-1824, mort chanoine honoraire, aumônier à Mâcon, 15 janvier 1890.
Tarriot....... 1866-1868, curé de Saint-Désert.
Tavernier..... 1840-1841, curé de Toulon-sur-Arroux.
Terrasse...... 1816,   du diocèse de Lyon.
Terret........ 1879-1884 — 1886, professeur d'histoire.
Thomas ...... 1816-1821, mort chanoine honoraire à Autun, 6 janvier 1866.
Tixier .... 1839-1847, mort curé de Vic-sous-Thil (Côte-d'Or), 6 juillet 1868.
Truchot 1862,   supérieur.

Verdereau.... 1852-1856, mort curé de Romenay, 18 décembre 1872.
Vernay....... 1857-1859, curé du Bourgneuf-Val-d'Or.
Vernier....... 1845-1860, mort curé de Jugy, 6 juin 1865.
Vitteault ..... 1827-1828, mort retiré à Buxy, 5 avril 1869.
Vittault ...... 1850-1852, mort curé de Charnay, 10 août 1895.
Vitteaux...... 1836-1843, mort curé de Saint-Jean-de-Losne (Côte-d'Or), 4 janvier 1885.
Voillot........ 1817-1831, mort chanoine titulaire, 5 octobre 1869.

APPENDICES

I

DESCRIPTION

DU BATIMENT DU SÉMINAIRE D'AUTUN, DE SA SITUATION
ET DES VUES QUE L'ON EN DÉCOUVRE
(Par Bussy-Rabutin).

Le bâtiment est composé de trois corps de logis : un au fond de la cour et deux ailes accompagnées de quatre (?) pavillons ; la cour a vingt-cinq toises de largeur et trente-cinq toises de profondeur : cette cour est fermée d'un beau grillage de fer, de onze pieds de hauteur, soutenu par un mur d'appui de deux pieds et demi. Ce grillage est orné de fleurs de lys relevées au chiffre du Roi, au-dessus duquel est une couronne royale.

Le bâtiment a quarante-huit pieds de hauteur depuis le rez-de-chaussée, jusqu'à l'entablement, qui font trois étages.

A l'aile en entrant est la chapelle qui a un vestibule de trente et un pieds sur vingt-huit dans œuvre et quarante-cinq pieds de hauteur. Ce vestibule sert de nef.

Ensuite est le chœur de vingt-sept pieds de largeur sur soixante et douze pieds de profondeur, de la même hauteur que le vestibule, le tout éclairé par dix-neuf croisées.

Il n'y a qu'un seul autel qui doit être orné d'un retable magnifique.

Dessous cette chapelle, il y en a une autre, qui, pour être sous terre, ne laisse pas d'être fort éclairée; il y a dans cette église basse neuf chapelles séparées les unes des autres par des piliers, le tout voûté.

Dans cette même aile, au rez-de-chaussée, il y a une grande sacristie, un vestibule, une salle, un corridor pour la communication des pièces hautes et basses, et un grand escalier pour monter aux corridors du second et troisième étage, où sont les chambres des séminaristes.

Le corps de bâtiment du fond de la cour a vingt-cinq toises de face et cinquante de l'autre côté, à cause d'une saillie où sont les offices et de celle des (?) pavillons qui sont aux extrémités.

Au milieu du corps de logis est un vestibule où est un escalier de pierre suspendu à quatre noyaux : à gauche sont deux grandes salles pour les exercices des séminaristes; à droite est le lavoir, un grand réfectoire et la cuisine accompagnés de panneterie et de toutes les décharges nécessaires.

Le second et le troisième étage sont composés chacun d'un corridor, de quarante-neuf toises de longueur, qui communique aux chambres des séminaristes.

L'aile du bâtiment à gauche est composée, par le bas, d'un vestibule qui est dans le milieu; sur la gauche sont des appartements et des entre-sols pour les prêtres qui viennent en retraite.

A droite est un autre vestibule, où l'on trouve un autre escalier ovale. Ensuite est une salle qui sert de chauffoir. Par cet escalier on monte à l'appartement de l'évêque. Il est composé d'un grand salon percé par trois croisées de chaque côté : trois ont vue sur la cour et trois sur le parterre; une antichambre qui a deux croisées du côté de la cour et deux du côté du parterre; une chambre qui a deux croisées du côté du parterre, un cabinet qui a une croisée sur le parterre, et un grand cabinet de 28 pieds en carré, percé de neuf croisées, trois sur la cour, trois sur l'avant-cour et trois sur le parterre par lesquelles on a la plus belle vue du monde.

Cet appartement est accompagné de garde-robes, d'entre-sols et d'escaliers de dégagement qui communiquent avec les chambres des domestiques.

L'avant-cour de la principale entrée a 80 toises de profondeur sur 37 toises de largeur, qui est celle de la face du bâtiment; elle est ornée par le milieu d'un tapis de gazon et de deux routes aux côtés desquelles sont des arbres vis-à-vis des pavillons. Cette avant-cour est fermée d'un grillage de fer orné de rouleaux, consoles, feuillages relevés qui soutiennent une fleur de lys.

Au côté droit de l'avant-cour est un bois orné de salles, cabinets, route de charmes et d'un bassin avec jet d'eau au milieu. Ce bois a 80 toises de profondeur sur 60 de largeur. Au côté gauche est un autre bois de 103 toises de largeur, dans lequel est un grand bassin avec jet d'eau.

Tout le terrain du séminaire a 200 toises en carré. Il est formé du côté de la principale entrée, qui est le long du grand chemin d'Autun à Dijon, par un fossé de 200 toises de longueur, 18 pieds de largeur et 9 pieds et demi de profondeur, plein d'eau et revêtu de murailles; au-dessus du mur de ce fossé, du côté du séminaire, est élevé un mur d'appui de 2 pieds et demi de hauteur, couvert d'une tablette de pierre de taille.

A droite du corps de logis de la chapelle, est une cour de ménagerie : duquel côté est encore une cour et avant-cour pour l'entrée ordinaire du séminaire.

A gauche du corps de logis de l'évêque est un parterre de 60 toises de largeur sur 120 de longueur, orné de broderies et plates-bandes de buis, terminé par une demi-lune en saillie au milieu de laquelle est un rondeau de 20 toises de diamètre.

Il y a dans les deux côtés de ce rondeau deux cabinets de menuiserie dignes des jardins du roi.

Derrière le grand corps de logis du milieu est un parterre, fermé dans toute sa largeur d'un fossé de 8 pieds et demi de profondeur, revêtu de murailles du côté du séminaire seulement, avec un mur d'appui au dessus. Au côté droit du parterre de l'évêque, sont les jardins potager et fruitier, dont le terrain n'est pas tout à fait régulier parce qu'il suit les murs de l'ancienne ville et les fossés de la moderne. Ces jardins ont en des endroits et en d'autres moins de 250 toises de longueur et 80 toises de largeur; les murs de l'ancienne ville qui les forment ont 40 pieds de hauteur en beaucoup d'endroits.

La disposition du terrain de ce séminaire est la plus heureuse qui se puisse imaginer; car le milieu où est le bâtiment, le parterre de broderie, la cour et l'avant-cour de l'entrée ordinaire est une plate-forme élevée de 35 pieds sur le reste, ce qui fait une pente douce fort agréable, en sorte que le bâtiment et le parterre sont sur une espèce de piédestal.

Sortant du vestibule du grand corps de logis dans la cour, on voit un demi-bassin entouré de montagnes, où l'on découvre des villages, des hameaux, des terres labourables et des bois. Les plus proches montagnes qui sont en face, sont à une lieue; celles qu'on voit à droite sont à un quart de lieue, et celles qu'on voit à gauche sont à trois lieues. Au dessus de ces montagnes, on en découvre d'autres, les unes sur les autres jusqu'à perte de vue : du même endroit, on voit en face, dans le fond du bassin, des étangs, des ruisseaux, des moulins, des maisons, des prairies, des petits bois ; le grand chemin de Dijon, de Sainte-Reine, de Montbard, de Bligny ; sur la droite on voit un enfoncement dans les montagnes [1] qui fait une espèce d'avenue, et qui est le chemin d'Autun à Chalon-sur-Saône. A droite de ce chemin, sur le penchant et au milieu de la montagne, est un village [2] entouré de prairies, où tombe un ruisseau, qui en descendant des montagnes plus élevées, passe par des rochers inaccessibles [3], et là est une manufacture où se fabriquent des canons de fusil.

A gauche de ce bassin qu'on voit depuis le vestibule, on distingue cinq (?) abbayes ou prieurés [4] dont une de Bénédictins réformés, des châteaux, des villages, des hameaux, des bosquets, des rivières, des étangs, des ruisseaux, des prairies, et deux grands faubourgs de la ville ; trois églises qui sont paroisses [5], deux anciens porti-

---

1. Creuse d'Auxy.
2. Couhard.
3. Brisecou.
4. Saint-Martin, Saint-Symphorien, Saint-Racho, Saint-Jean, Saint-Andoche.
5. Saint-Pantaléon, Saint-André, Saint-Jean-le-Grand.

ques de pierre de taille, d'architecture, posées les unes sur les autres sans mortier.[1]

Du bout du parterre de l'évêque, on voit tout ce qui est décrit ci-dessus, et outre cela une grande prairie entre laquelle et le parterre on voit les ruines d'un amphithéâtre[2] fait par les Romains et un ermitage.[3]

Du même endroit, en se tournant vers le bâtiment, on voit sur la droite une grande partie de la ville dans laquelle, et aux environs, on discerne les restes des temples et des basiliques des anciens. On voit tout le reste du grand bassin entouré de montagnes, éloignées depuis deux jusqu'à sept lieues. Dans ce côté sont les chemins de Paris, du Nivernais, du Bourbonnais et du Charollais.

Sur la gauche, on voit l'autre partie de la ville, en haut de laquelle sont les restes de son vieux château[4], un grand faubourg, au bout duquel est un petit château, avec des jardins, bosquets et jets d'eau[5]; ensuite de quoi, la vue est agréablement bornée par une montagne d'excessive(?) hauteur sur laquelle on voit deux ermitages[6] qu'on dirait avoir été mis là tout exprès pour faire un paysage agréable. En retournant vers le bâtiment par l'allée du parterre qui borde la terrasse, on

1. Portes Saint-André et d'Arroux.
2. Lire : d'un théâtre.
3. La Maladière.
4. Citadelle de Riveau et tour des Ursulines.
5. Le Petit-Montjeu au milieu du faubourg Saint-Blaise.
6. Ils n'existent plus.

voit à droite, sous le profil de la ville qui va toujours en penchant jusqu'à la rivière d'Arroux ; et l'on découvre les églises cathédrales, ancienne et moderne [1], la collégiale [2] et le palais épiscopal qui font une très agréable perspective ; mais surtout le clocher de la cathédrale moderne qui est un ouvrage admirable.

Ce que l'on a trouvé, en fouillant les fondements du bâtiment et dans tout l'enclos, fait juger que les anciens avaient jugé cet endroit digne de leur travail ; puisqu'on y a trouvé des aires de planchers faits à la mosaïque, des peintures à fresque sur les enduits des murs, des morceaux de belles colonnes et chapiteaux, les uns de marbre blanc, et d'autres de pierres très fines, que l'on ne trouve point dans le pays ; des aqueducs grands et petits et beaucoup de puits. On en a trouvé un qui est taillé dans le roc, de 90 pieds de profondeur : mais ce qu'on a trouvé de plus extraordinaire, est un reste de bâtiment qu'on a achevé de démolir pour esplanader le terrain, qui avait 20 pieds en carré par les faces extérieures, dont les murs avaient 15 pieds d'épaisseur ; les parements extérieurs comme la plupart des autres étaient de petits grès, de 4 pouces en carré par tête, et 10, 12 et 15 pouces de long, posés tous en liaison les uns sur les autres, et les joints, tirés de

1. Saint-Nazaire et Saint-Lazare.
2. Celle de Notre-Dame.

niveau fort proprement. On n'a trouvé ni portes ni fenêtres aux murs de ce bâtiment; autour d'iceluy, à douze pieds il y avait d'autres murailles de 12 pieds d'épaisseur, avec des aqueducs tout autour pour écouler les eaux des murs de refend, sans qu'on puisse découvrir à quoi cet ouvrage pouvait servir.

Après tout ce que j'ai pu dire à la louange du séminaire d'Autun, je sais bien que je n'en pourrai jamais faire comprendre les véritables beautés ; car il est certain que l'on ne peut parfaitement décrire les ouvrages que l'art ou la nature a rendus extraordinaires, et que comme ils sont au dessus de notre imagination, ils sont aussi au dessus de nos paroles. [1]

---

1. M. Harold de Fontenay a inséré cette pièce dans le 2ᵉ vol. de son *Épigraphie autunoise*, ainsi que deux lettres préliminaires adressées au P. de la Chaise et au P. Bouhours ; avant la publication de cette description, une copie parfaitement conforme au texte imprimé se trouvait au petit séminaire : très probablement elle avait été communiquée par l'auteur de l'ouvrage cité.

II

LETTRES PATENTES
DU ROY LOUIS XIV ADRESSÉES AU PARLEMENT DE PARIS
PORTANT ÉTABLISSEMENT DU PETIT SÉMINAIRE
D'AUTUN

Louis par la grâce de Dieu Roy de France et de Navarre : A tous présens et à venir Salut. Le désir que nous avons de contribuer au bien de l'Église, à l'exemple des rois nos prédécesseurs, nous en faisant rechercher les moïens en toutes occasions, nous avons considéré l'établissement des séminaires comme le plus utile, et aïant apris que depuis que celuy de notre ville d'Autun est bâti par le secours des libéralités que nous y avons appliquées, il a plu à Dieu d'y donner un telle bénédiction par la quantité d'ecclésiastiques qui s'y présentent, que quelque grande que soit cette maison, elle sufit à peine pour fournir un logement à ceux qui sont obligés d'y entrer pour s'y disposer à recevoir les ordres sacrez, en sorte que cette maison ne pouvant contenir les jeunes enfans qui auraient dessein de s'y enfermer pour estre élevés au sacerdoce, notre amé et féal conseiller en nos conseils, le sieur Evesque d'Autun, auroit été obligé d'avoir recours à nous, et de nous représenter que pour élever dans la solide piété les enfans en qui il paroîtroit une véritable vocation à l'état ecclésiastique, il auroit reconnu que l'établissement d'un petit colége ou petit séminaire dans notre ville d'Autun seroit encore très utile, qu'il l'a déjà commencé et que nous l'avons agréé par le don que nous avons fait de la somme de six cents livres par an, et que nous avons continué depuis plusieurs années pour être appliqué à cette bonne œuvre. Et comme il seroit important non seulement de la soutenir, mais encore de l'établir solidement pour toujours, ce qui ne se peut faire sans notre autorité et le secours de nos lettres confirmatives de cet établissement avec les concessions ordinaires et accoutumées en pareilles occasions, ledit sieur Evesque nous auroit très humblement suplié de les lui accorder; savoir faisons que nous pour ces causes et autres à ce nous mouvant voulant favoriser ledit sieur Evesque d'Autun et lui donner moyen d'avoir les ouvriers convenables pour régir et continuer à gouverner son diocèse comme il a fait jusqu'à présent, nous avons promis et accordé, promettons et accordons audit sieur Evesque, et en tant que besoin est ou seroit concessionné et concessionnons, par ces présentes signées de notre main, l'établissement dans notre dite ville d'Autun d'un petit colège ou séminaire pour élever dans l'esprit de l'Église les enfans dont on connoîtra la vocation à l'état ecclésiastique. Permettons aussi audit sieur Evesque, pour établir la subsistance ou entretien dudit petit séminaire ou colège, outre la gratification de six cents livres que nous avons accordée en faveur de cet établissement jusques à présent, et que nous lui continuerons à l'avenir annuellement, d'unir audit petit séminaire ou colège les bénéfices simples qu'il pourra dans les formes de droit : Voulons en outre que ceux que ledit sieur Evesque commettra pour la direction dudit petit séminaire ou colège puissent accepter toutes donations ou legs testamentaires tant en meubles qu'immeubles : Et de nôtre grâce spécialle pleine puissance et autorité royalle, nous avons amorty et amortissons la maison, pourpris et enclos dudit petit séminaire ; sans qu'à raison de ce nous ny Nos Successeurs Rois puissent prétendre aucune finance de laquelle nous luy faisons don, à la charge de l'indemnité et autres droits et devoirs appartenant à autres qu'à nous.

Si donnons en mandement à nos amés et féaux les gens tenant notre cour de Parlement de Paris, que ces présentes ils fassent enregistrer, et du contenu en icelles fassent jouir ledit sieur Evesque et ses successeurs, ensemble ledit colège ou séminaire pleinement, paisiblement et perpétuellement, cessant ou faisant cesser tous troubles et empêchements au contraire. Car tel est notre plaisir. Et a fin que ce soit chose ferme et stable à toujours nous avons fait mettre notre scel à cesdites présentes. Donné à Versailles, au mois de janvier, l'an de grâce mil six cent quatre vingt onze et de notre règne le quarante-huit.

Louis.

III

ÉPITAPHES

DE Mᵍʳ DE ROQUETTE ET DE Mᵍʳ DE SENAUX

PIÆ AC FELICI MEMORIÆ
ILLUSTRISSIMORUM AC REVERENDISSIMORUM
DOMINI
D. GABRIELIS DE ROQUETTE
ET DOMINI
D. BERTRANDI DE SENAUX
EPISCOPORUM ÆDUENSIUM
AMABILES ET DECORI
IN VITA SUA DILEXERUNT SE,
ET IN MORTE NON SUNT DIVISI.
PRIOR
HUJUS SEMINARII ATQUE XENODOCHII ÆDUENSIS
FUNDATOR,
DISCIPLINÆ ECCLESIASTICÆ IN HAC DIOECESI
RESTAURATOR
OBIIT XXII FEBRUARII MDCCVII ÆTATIS LXXXIV

ALTER
IN BREVI CONSUMMATUS
MULTA CONSUMMAVIT.
DISCIPLINÆ ECCLESIASTICÆ
SEDULUS AC PERVIGIL CUSTOS,
NORMA GREGIS FACTUS, ET SAL, ET LUX,
PONTIFICUM DECUS
SACERDOTUM EXEMPLAR,
PAVIT GREGEM VERBO
PAVIT EXEMPLO
PAVIT ELEEMOSINARUM UBERTATE.
SPIRITU PATER
PAUPERUM PATER
POENITENTIA AC SOLLICITUDINE CAROLUS :
MODESTIA AC MANSUETUDINE SALESIUS.
TANDEM INTER INNUMERAS
ET FAMIS ET MORTIS GRASSANTIUM VICTIMAS
ET LUIS ET IPSE MISERANTISSIMÆ VICTIMA CHARITATIS
EXTINCTUS
DIE XXX APRILIS ANNO MDCCIX. ÆTATIS LXIII[1]

---

1. Archives du petit séminaire.

IV

M. SAULNIER

Dans le cours de notre récit, et à diverses reprises, nous avons eu à parler de M. Saulnier ; les notes de M. Lenoble contiennent quelques détails inédits sur le digne supérieur, pendant la Révolution ; elles nous fournissent la matière et souvent le texte des lignes suivantes :

Après quelque séjour dans sa famille, il passa en Italie et spécialement à Rome. Il avait de la fortune, mais la loi d'alors défendait tout envoi d'argent aux émigrés ; aussi vécut-il des secours du pape, faisant lui-même sa chambre, allant au marché avec un petit panier, préparant son maigre repas.

Dès l'année 1797, il crut pouvoir revenir à Autun. Aussitôt, des femmes pieuses et dévouées à la religion, lui trouvèrent une retraite dans une maison de la rue des Cordeliers — aujourd'hui nº 7. — Le devant était occupé par le ménage Detallencourt, gens sûrs et discrets. M. Saulnier occupait le fond de la cour chez Mlle Maîtrejean, plus connue sous le nom de Mlle Blot, vieille fille, ouvrière en robes, qui se dévoua à son service. La chambre où il disait la messe est une petite pièce carrée donnant sur le jardin, sous laquelle est le bûcher. On avait laissé derrière le bois empilé, un vide correspondant au plancher de la chambre dans lequel il y avait une trappe : en cas de perquisition révolutionnaire on faisait descendre l'autel et tous les ornements. M. Saulnier passa ainsi de longues journées dans cette cachette humide et noire ; il y contracta aux jambes des rhumatismes qui dans sa vieillesse formèrent des plaies.

Le danger n'était-il plus imminent, M. Saulnier reprenait dans sa retraite ses fonctions de supérieur de séminaire, s'occupant à diriger les rares sujets qui avaient le courage, héroïque alors, d'embrasser la vie ecclésiastique, et cumulant les charges de professeur de grammaire, philosophie et théologie. Plusieurs de ses élèves furent ordonnés, même avant le Concordat [1], par Mgr Moreau, évêque de Mâcon ; et le secret sur ce nouveau séminaire était si bien gardé que des parents furent stupéfaits, le culte étant redevenu public, de voir leurs fils célébrer la messe ; ils n'avaient pas eu le moindre soupçon sur leur nouvel état.

MM. Verdier et Ruben donnaient à ces courageux lévites des leçons et des retraites à Eschamps, propriété de la famille Buffot de

---

1. Nous ne connaissons que M. Paul Blot qui ait été ordonné prêtre par ce prélat, le 21 mars 1801. La *Semaine religieuse* du 18 août 1894 lui donne pour compagnons MM. Jorland et Rocault, qui ont été faits prêtres en 1803. (Registre de l'Évêché.)

Millery, aujourd'hui de M. de Dormy, son héritier.

Aussitôt après le 18 Brumaire, M. Saulnier sortit de sa retraite, et loua une maison plus spacieuse ; il y réunit jusqu'à dix-sept jeunes gens. C'est la maison à droite de la porte Matheron, qui n'existe plus, la dernière bâtie sur l'ancien rempart.

En 1803, il établit le séminaire dans la rue Saint-Antoine[1], et la même année y transféra les restes de NNgrs de Roquette et de Senaux.

Aux approches de la Révolution, M. Saulnier craignant que ces sépultures ne fussent profanées avait pris soin de faire placer les cercueils en lieu sûr. Cette précaution n'était pas inutile, car on fouilla partout, mais les recherches restèrent sans succès.

Lorsque le séminaire fut installé dans les bâtiments de la rue Saint-Antoine, M. Saulnier voulut y transférer les restes de ces deux prélats. Il se transporta donc à l'ancien grand séminaire, accompagné seulement de deux élèves et des ouvriers de la maison, et constata avec la joie la plus vive que sa cachette était restée intacte : « Arrivés à la chapelle, dit M. Marchal, curé d'Antully, M. Villette et moi, nous fûmes témoins de l'exhumation. Nous vîmes deux bières, l'une

---

1. Avec les théologiens et les philosophes, il y avait aussi des élèves de littérature et grammaire. En 1810, s'y trouvaient quatre rhétoriciens, un élève de troisième, six de quatrième, trois de cinquième et quatre de sixième. (Papiers de l'Évêché.)

de plomb, l'autre de bois. La bière de plomb était celle de Mgr de Roquette ; celle de bois renfermait Mgr de Senaux. Cette dernière était vermoulue, les planches en étaient désunies, et ne tenaient presque plus. M. Saulnier la fit remplacer par une nouvelle. Lorsqu'on enleva la planche de dessus la vieille bière, nous vimes non sans admiration, la soutane de couleur violette aussi fraîche que lorsque Mgr de Senaux en fut revêtu, et tous ses ornements pontificaux parfaitement conservés. Quand on prit les deux extrémités de la soutane pour les mettre dans la bière neuve, les os se dérangèrent et se réunirent au milieu. M. Saulnier prit un os de l'épine dorsale, en disant : c'est vraiment une relique. Il donna un morceau de la soutane à M. Villette, qui demandait quelque chose de lui. On emmena les deux cercueils qu'on descendit dans le creux destiné à les recevoir, au côté droit du grand autel, en face du siège du célébrant, et M. Saulnier fit placer sur le carrelage deux inscriptions qui servaient à les faire connaître distinctement.[1]

---

[1]. Dans les premiers jours d'août 1845, M. Berthault, supérieur du grand séminaire, fit transporter au milieu du chœur les restes des deux évêques. Deux carreaux à huit pans marquent le lieu de ces sépultures.

On lit sur l'un :	Sur l'autre :
HIC	HIC
JACET D. D.	JACET D. D.
DE ROQUETTE	DE SENAUX
SEMIN. FUNDATOR	OBIIT AN 1709
OBIIT AN. 1707	ÆTA. 63
ÆTA 84	(Épigraphie autunoise, II, p. 261.)

Pendant plus de vingt ans encore, M. Saulnier montra au grand séminaire et dans l'administration diocésaine, cet ensemble de qualités et de vertus qui lui méritèrent la reconnaissance et le respect de tous : la ville d'Autun lui doit ses écoles de Frères.

Il avait une taille ordinaire, un teint coloré ; ses yeux étaient si vifs et si pénétrants qu'on ne le pouvait regarder en face. Son portrait existe lithographié.

M. Saulnier mourut le 13 octobre 1824.

Après avoir pu apprécier ses œuvres, Mgr d'Héricourt, qui lui aussi se connaissait en hommes, écrivait : « Sa mémoire ne sera jamais assez bénie dans le diocèse ; c'est lui qui a préparé tout le bien qui s'est fait jusqu'ici. »[1]

---

1. Mandement à l'occasion de la mort de M. Bauzon.

V

M. BALLANCHE

Jean-François Ballanche était né le 9 août 1770, à la Motte, commune des Combes, canton de Morteau (Doubs), d'une famille de laboureurs ; il faisait sa philosophie aux *Orphelins* de Dôle, au moment où fut proclamée la constitution civile du clergé. Son maître, l'abbé Moïse, futur évêque constitutionnel du Jura, mort le 7 février 1813, en adopta opiniâtrement les principes. L'élève, au contraire, se prononça contre elle, et fut mis quelque temps en prison à Dôle même, sans forme de procès.

Revenu dans son pays et cédant à sa vocation, il va retrouver à Fribourg (Suisse) M. Babey, supérieur, et d'autres directeurs du grand séminaire de Besançon, et fait avec eux sa théologie, tout en étant précepteur dans la famille Maillardoz. Ordonné prêtre le 12 juillet 1795, il revient quelques jours après dans son pays natal pour s'y consacrer au salut des âmes.

Le petit village de la Motte possédait une église où M. Ballanche disait la messe aux catholiques qui formaient plus des trois quarts des habitants, et prétendaient bien avoir droit d'y entrer ; mais ce n'était pas l'avis des révolutionnaires.

Le 3 janvier 1796, 13 nivôse an IV, le jeune

prêtre fut arrêté au moment de dire la messe : conduit au fort de Joux, il y passa une nuit et fut attaché à un canon, pour aller au chef-lieu du département où on l'écroua dans la maison d'arrêt.

Cette fois il eut un procès en règle ; cela demanda du temps. Des amis lui fournirent quelques outils qui, bien manœuvrés, pendant deux jours et trois nuits, ouvrirent au détenu et à son compagnon de geôle, le P. Joseph Jeanney, capucin, par la voûte et les toits, le chemin de la liberté.

C'était le 22 février 1796, 3 ventôse an IV, à huit heures du soir[1]. Au sortir de la ville les fugitifs se séparèrent, le P. Joseph s'acheminant vers Vesoul, et M. Ballanche vers les hautes montagnes, et de là à Fribourg, pendant qu'on les cherchait dans Besançon même, et que l'administration faisait tirer leur signalement à deux cent cinquante exemplaires.

Le repos de Fribourg pesa bientôt au prêtre courageux : avec l'agrément de ses directeurs il reprit le chemin de la France, visita sa famille, et osa traverser Besançon en plein jour : une affiche y attira son attention, c'était l'ordre d'arrêter l'abbé Ballanche, dont le signalement était donné tout au long. Dans sa vieillesse il rappelait

---

1. Un document cité par M. Jules Sauzay, *Persécution révolutionnaire*, t. VIII, p. 765, dit le 13 ventôse : ce serait le 3 mars 1796.

en riant que jadis, la nation l'avait déclaré *bel homme dans son ensemble*.

La petite ville de Seurre (Côte-d'Or) et ses environs furent les lieux où il exerça le saint ministère. Au village de Chamblanc, il entra en relations avec la chrétienne famille Javouhey. L'ainée des filles, la future fondatrice des sœurs de Saint-Joseph de Cluny, l'aida beaucoup dans ses œuvres de zèle, et spécialement pour deux premières communions assez nombreuses qui eurent lieu le 2 mai 1798, jour de l'Ascension et le jour de la Pentecôte en 1799, dans la ferme du Cheffin, entre Chamblanc et Seurre, et qui était exploitée par un oncle d'Anne Javouhey.

Une autre de ces modestes mais touchantes solennités eut lieu dans la maison de son frère ainé, à minuit. M. Ballanche y célébrait la messe et la jeune fille au moment de la communion se consacrait à Dieu, devant son père, sa mère et ses sœurs, par le vœu de chasteté perpétuelle, promettant en outre de consacrer sa vie à l'éducation chrétienne de la jeunesse, ainsi qu'au soin des pauvres et des malades.

Le *missionnaire, prêtre catholique*, comme il signait au bas des actes de baptême, n'était connu au dehors que sous le nom de M. Vincent : la Providence ne permit pas qu'il fût reconnu et dénoncé.

Quand les temps devinrent meilleurs, il donna plus libre carrière à son zèle ; bientôt il fut nommé vicaire de Seurre, où il resta jusqu'en 1804.

M. Ballanche ne songea pas à rentrer dans son diocèse, dont l'archevêque Lecoz passait pour n'avoir pas répudié les principes du schisme constitutionnel.

Alors des prêtres d'Autun qui l'avaient connu à Fribourg le signalèrent à Mgr de Fontanges qui le nomma vicaire de sa cathédrale.

A ces fonctions M. Ballanche vit ajouter celles de la desserte de Monthelon; de plus il établit dans sa maison de la rue aux Rats, aujourd'hui n° 20[1], un pensionnat qu'il unit, en 1808, à l'école fondée par M. Bernard dans les bâtiments de l'ancien grand séminaire.

L'occupation de ces bâtiments par les prisonniers espagnols, en 1811, obligea M. Ballanche de transférer ailleurs son pensionnat, qui devint alors réellement le petit séminaire. Au mois de juillet 1813 il fit agréer sa démission de directeur, réserva pour le nouvel établissement de Mgr Imberties, le plus grand nombre de ses élèves, environ quarante, et fut nommé lui-même principal du collège d'Autun.

Pendant les Cent Jours il fut destitué par l'ex-

---

1. Cette maison vient d'être achetée (1897) comme dépendance du petit séminaire actuel.

Un des élèves du pensionnat Ballanche fut Nicolas-Théodule Changarnier, qui a fourni une si brillante carrière. Plus de quarante ans après avoir quitté son ancien maître, il lui écrivait encore pour lui témoigner sa reconnaissance et son fidèle attachement.

conventionnel et régicide Thibaudeau, alors commissaire impérial.

L'archevêque Lecoz était mort le 3 mai 1815. M. Ballanche reporta ses regards vers son diocèse; il fut installé curé de Morteau le 30 novembre de cette même année.

Jusqu'à sa mort, en 1850, il donna de nombreuses preuves de son actif dévouement; son église restaurée et ornée, des écoles de Frères et de Sœurs, un hospice, etc., témoignent de sa générosité.[1]

Sa mort fut un deuil public, son oraison funèbre fut prononcée par M. de Vaulchier, supérieur du séminaire de *Consolation*. Il laissait dix mille francs de dettes; il fallut vendre son mobilier pour les payer.[2]

---

1. Au commencement de son ministère à Morteau, pour se procurer des ressources, il avait fondé une espèce de comptoir d'horlogerie, dont il plaçait souvent les montres à fonds perdu, sur sa tête; certains acheteurs trouvèrent qu'il vivait bien longtemps; le cardinal Mathieu qui avait eu ainsi une belle montre d'or à répétition, disait qu'à la fin elle lui était revenue bien cher.

2. Ouvrage cité de M. Sauzay. — Lettre de M. le chanoine Suchet, de Besançon. — Vie de la Mère Javouhey. — Papiers de l'Évêché.

VI

M. BERBEY

Jean-Baptiste Berbey naquit dans le village de Longepierre, sur les bords du Doubs, le 11 décembre 1740 ; ce pays qui est aujourd'hui du canton de Verdun (Saône-et-Loire) appartenait au diocèse de Besançon.

On envoya le jeune homme faire ses études à Dôle, dans le collège de l'Arc, alors tenu par les Pères Jésuites ; à vingt ans, 1760, J.-B. Berbey était reçu maitre ès arts à l'université de Besançon.

Devenu prêtre et économe du grand séminaire, il s'acquit dans cette charge la réputation méritée d'administrateur habile ; on a gardé le souvenir d'une rue qu'il perça pour l'utilité du séminaire. Homme de foi et de zèle il employait ses vacances à prêcher dans les campagnes : saint prêtre, on le choisissait pour confesser et accompagner les criminels à l'échafaud.

Pendant la Terreur, tandis que plusieurs de ses collègues demeuraient à Fribourg (Suisse), il alla jusqu'à Vilna en Lithuanie, où il fut appelé à diriger un couvent de religieuses : assez heureux pour avoir pu ramener plusieurs schismatiques à l'Église romaine, on devine que son ministère était fructueux parmi les catholiques.

Pendant l'attaque de Vilna, en 1795, croyons-nous, lors de son annexion définitive à la Russie, M. Berbey confessait dans sa chambre; un boulet la traversa en emportant le cornet du poêle; le pénitent effaré se lève et fuit à toutes jambes; le confesseur lui court après, en criant : « Revenez, revenez, vous n'avez pas encore l'absolution. »[1]

Après le Concordat, le diocèse de Besançon était administré par l'archevêque Lecoz, ancien constitutionnel, dont la rétractation passait pour n'avoir pas été sincère. M. Berbey ne voulait pas se rattacher à un pareil chef; son pays d'origine faisant partie du diocèse d'Autun, ses regards se portèrent naturellement de ce côté.

En février 1804, il se trouvait à Chalon, rue des Prêtres, chez une demoiselle Thiébault; il y reçut, au mois de mars un de ses anciens élèves de Besançon, le missionnaire ardent qui sera le V. Père Receveur. Une lettre de Mgr de Fontanges invitait l'apôtre à venir prêcher le jubilé dans la ville épiscopale.[2]

---

1. Registre de l'Évêché.
2. Mgr de Fontanges connaissait le P. Receveur par un rapport de M. Robelot, curé de Varennes-le-Grand, sur une retraite prêchée avec fruit dans sa paroisse, par celui qu'on appellera à Autun le saint missionnaire : M. Robelot était neveu de M. Berbey. Le P. Receveur avait été son condisciple à Besançon; son collègue, comme surveillant et répétiteur aux *Orphelins* de Dôle. A peu près du même âge, ils éprouvaient l'un pour l'autre une grande affection. M. Robelot mourut le 14 mai 1824.

Le 24 mai de cette année, M. Berbey fut nommé curé de Buxy; en 1809, on le trouve directeur au grand séminaire d'Autun; en 1812, il était curé de Chagny.

C'est à cette époque qu'il suggéra à Mgr Imberties l'idée d'une maison de missionnaires diocésains. Ce vœu bien accueilli ne fut réalisé qu'en 1824 par Mgr de Vichy. L'œuvre dura jusqu'à l'arrivée à Saint-Jean des Pères Oblats de Marie Immaculée, 1854.

Lorsque, en 1813, Mgr Imberties voulut établir son petit séminaire, dans les bâtiments qu'avait élevés Mgr de Roquette, le prélat songea à M. Berbey pour en faire le supérieur.

Maître ès arts, ancien directeur de grands séminaires « jouissant de l'estime et de la confiance générales que lui avaient méritées ses vertus et ses talents [1], » M. Berbey paraissait bien être l'homme de la situation. C'était aussi l'avis de M. Émery qui félicitait l'évêque de l'acquisition de ce prêtre si bien doué, et des avantages que le petit séminaire pouvait en attendre.

Nous avons dit ailleurs comment se fit la rentrée de novembre 1813, l'augmentation considérable des élèves en 1814, quelle fut la générosité de M. Berbey, et quels services il rendit pendant l'occupation autrichienne.

---

1. Lettre de l'évêque d'Autun à M. de Fontanes.

Le 9 avril 1814, il avait été nommé chanoine honoraire ; en 1816, s'étant agrégé à la compagnie de Saint-Sulpice, il reprit au grand séminaire d'Autun la charge qu'il avait remplie à Besançon. Malgré son grand âge, il voulut en 1819 donner une mission à son ancienne paroisse de Chagny. C'est à la suite de cette mission qu'il mourut le 25 mai.[1]

1. Registres et papiers de l'Évêché. — Lettres du V. P. Receveur.

VII

M. RUBEN

M. J.-B. Ruben, qui donna vingt-cinq ans de sa vie au bien des âmes, dans l'Autunois, était né le 20 août 1763, à Eymoutiers, diocèse de Limoges, c'est aujourd'hui un chef-lieu de canton de la Haute-Vienne. Prêtre de Saint-Sulpice il fut, avant la Révolution, directeur au grand séminaire du Puy; il s'exila en Suisse en 1791.

On ne sait les motifs qui l'amenèrent dans nos contrées vers 1793 ou 1794; d'après le témoignage d'un prêtre qui l'avait bien connu, M. P. Blot, il eut beaucoup à souffrir en venant à Autun.

Sous la direction et avec la collaboration de M. Verdier, ancien directeur du grand séminaire, vicaire général de Mgr de Marbeuf, auquel le souverain Pontife avait confié le soin du diocèse d'Autun après l'apostasie de Talleyrand; et préposé, quand Mgr de Marbeuf fut mort, à l'administration du diocèse par délégation apostolique; M. Ruben évangélisait, en vrai missionnaire, Autun et les paroisses du voisinage, mais surtout Reclesne, Monthelon et Curgy.

Dans les deux premières il reste encore des actes de baptêmes, mariages, prières à l'occasion des sépultures, portant cette signature : « Ruben, prêtre catholique romain. »

A Reclesne, la famille chez laquelle il se rendait de préférence conserve avec respect la pierre sacrée sur laquelle il célébra la sainte messe.[1]

A Nanteuil, hameau de Curgy, M. Ruben avec M. Verdier et d'autres prêtres trouvait un asile chez le *père Larchey.*

Son zèle s'étendait à tous, même aux constitutionnels dont il ramena plusieurs : c'était un vrai missionnaire.

Avec l'extérieur peu recherché, les outils et le métier de carreleur ambulant, M. Ruben, devenu le père Joseph, pouvait passer d'un pays à un autre sans trop attirer l'attention, et de fait il échappa toujours à ceux qui auraient bien voulu surprendre celui qu'ils appelaient le Pape.

Après la chute de Robespierre, jusqu'au 18 fructidor 4 septembre 1797, la persécution s'adoucit et M. Ruben exerça fréquemment son ministère dans des oratoires privés; puis il fallut de nouveau éviter les persécuteurs, jusqu'au 18 brumaire, 9 novembre 1799.

Auxiliaire de M. Saulnier dans l'œuvre des

---

[1]. Cette famille habitait le hameau de la Chaume, son chef était Jérôme Regnault, appelé vulgairement le père *Jirôme*; la femme était Jacquette Dulniau, originaire de Blanot; leur fille Jeannette Regnault épousa Pierre Ponnelle : deux filles de Pierre Ponnelle vivent encore, l'une, veuve de Lazare Canet, habite la Chaume et possède cette pierre sacrée qui n'a que 22 centimètres sur 14 ; sa sœur, veuve aussi, habite Llernais, Côte-d'Or. (Renseignements fournis à M. l'abbé Segault, de Reclesne.)

vocations ecclésiastiques, c'était en particulier au château d'Eschamps qu'il instruisait ses élèves. On cite parmi eux MM. Blot, Jorland, Rocault et Daumas.

La cathédrale fut rouverte au culte catholique, même avant la publication du Concordat — c'était le 8 février 1801. — M. Ruben en attendant le retour des anciens curés émigrés, fut chargé d'administrer les trois paroisses de Saint-Jean-l'Évangéliste, Saint-Pierre-Saint-Andoche et Saint-André [1]. En 1803, avec M. Saulnier pour supérieur, il devint directeur au séminaire de la rue Saint-Antoine. En 1804 il y remplissait les fonctions d'économe. C'est chez lui que le V. P. Receveur se faisait adresser sa correspondance pendant la mission qu'il prêcha à Autun.

Lorsqu'en 1811 Napoléon enleva les séminaires à la société de Saint-Sulpice, M. Ruben devint pour quelques mois curé de Semur-en-Brionnais, pendant que M. Bonnardel était mis à la tête du grand séminaire. De la rentrée de 1814 à celle de 1816, il fut directeur du petit séminaire, M. Berbey étant supérieur; il fut

---

1. Il avait reçu de Mme de Biard une magnifique chapelle : calice, ostensoir, burettes en vermeil, tabernacle et pupitre d'autel en belle marqueterie.

Mme de Biard, née de Champeaux, qui avait emmené la dernière des Visitandines chassées de leur couvent à la fin de 1791, tint à honneur de réintégrer le 15 juillet 1836, dans leur nouvelle maison les deux survivantes, Marie-Françoise Parise et Marie-Xavier Allyot. *Epigr. aut.*, II, p. 175.

supérieur à son tour, de la rentrée de 1816 à celle de 1818.

C'est alors que certains actes de sévérité disciplinaire furent blâmés par l'autorité épiscopale, et il dut bien à regret quitter Autun.

Il devint supérieur du grand séminaire du Puy, et ensuite, en 1821, fut nommé supérieur de la maison d'Issy; à la fin de 1832 il était directeur du grand séminaire de Paris où il mourut le 29 avril 1842. [1]

---

1. *Persécution religieuse*. — Papiers de l'Évêché. — Lettre de M. Bertrand, directeur au grand séminaire de Bordeaux, et auparavant, 1850-1861, à celui d'Autun.

VIII

M. BERTELLE

Il n'est pas ordinaire qu'un ex-rhétoricien, un ecclésiastique, un prêtre, — même avec le titre de Maître de santé, — soit chargé des fonctions très méritoires, mais très humbles d'infirmier : M. Bertelle aussi n'était pas sans quelque chose de peu ordinaire.

Né à Lucenay-l'Évêque, le 24 février 1791, de Léonard Bertelle et de Anne Maratray, dans la maison de la Bannière, ainsi nommée de la redevance dont elle était grevée vis-à-vis de la paroisse, il commença ses études relativement tard ; en 1810, c'est-à-dire quand il avait dix-neuf ans, nous le trouvons élève de quatrième au séminaire de la rue Saint-Antoine[1]. En 1819, il n'était qu'en troisième au séminaire de la porte des Marbres; les deux années suivantes, il y faisait sa seconde et sa rhétorique : les palmarès lui donnent chaque fois un accessit de diligence.

Il y avait pour condisciple M. Xavier Faivre, né le 3 décembre 1797, neveu de M. Ballanche, et du même pays, qui suivit son oncle au collège d'Autun, 1813-1814, fit partie du corps enseignant dans cette maison jusqu'en 1827; fut atta-

1. Archives de l'Évêché.

ché au cabinet du directeur de l'instruction publique, et devint chef de bureau du secrétariat et des archives : décoré de la Légion d'honneur en 1839, il prit sa retraite en 1848, à Autun, où il est mort en 1869.[1]

Dans l'intervalle qui sépare pour M. Bertelle la quatrième de la troisième, une tuile, — au sens matériel du mot, — lui était tombée sur la tête ; la mémoire s'en alla, et pour le reste de sa vie l'équilibre de ses facultés laissa à désirer. Sa rhétorique faite, il demeura au petit séminaire avec le titre de Maître de santé, qui lui est donné et gardé officiellement jusqu'en 1842.

Fixé à son poste, il a dû suivre comme externe les cours de philosophie et de théologie. En 1822, il désirait aller au grand séminaire ; les services très réels qu'il rendait dans sa position d'infirmier motivèrent une exception à la règle générale.

Tonsuré le 10 décembre 1823, il alla aux ordres mineurs le 2 juillet 1825, fut fait sous-diacre le 17 décembre de la même année, reçut le diaconat le 29 juin 1828, et fut ordonné prêtre le 28 mai 1831.

Mais il ne quitta pas ses *mauviettes*, c'est ainsi qu'il appelait les élèves malades ; et il était tout heureux, quand il les avait un peu gâtés, de leur entendre chanter cette espèce de ballade où la poésie n'a pas grand'chose à voir :

1. *Mémoires de la Société Éduenne.*

> En tout temps, en tout temps
> Les gaudes sont bonnes
> Quand il y a du beurre dedans.
> Tant que je vivrai, je me souviendrai
> Des gaudes de Monsieur Bertelle ;
> Tant que je vivrai, je me souviendrai
> Des gaudes de Monsieur l'abbé.

Cependant, il ne fallait pas le tricher : et quand le soir, il donnait de la soupe chaude aux enrhumés, si un farceur bien portant tendait son assiette, il risquait après avoir entendu l'interjection habituelle : « Broutille, sac à papier, » de recevoir une bonne gifle au lieu d'une part de potage.

Pour arriver à son but, les détails ne l'embarrassaient pas ; s'il lui fallait couper un chemin, pour amener à la mère-fontaine les sources de la montagne, ses explications avec les agents voyers étaient très sommaires, et il continuait sa besogne. Ayant introduit, en fraude, un de ses neveux comme élève au petit séminaire, l'enfant suivait sa classe sans que M. Léveillé en sût rien ; quand la *fourbe* fut découverte, il crut devoir rabrouer fortement le maître de santé qui, après avoir entendu, lui fit examiner dans son miroir « combien est laid un supérieur qui se fâche. »

Si le docteur Grillot avait dans son service, à l'hôpital, quelque grande opération à faire, l'imperturbable M. Bertelle était son auxiliaire préféré.

Et pourtant, cet homme dont les idées se

brouillaient de temps en temps, dont les yeux devenaient facilement hagards, était un homme de foi : sur son modeste traitement il fit les frais du dallage en marbre de la chapelle, et aussi, croyons-nous, d'un ostensoir.

A la fin de 1842 ou au commencement de 1843, M. Bertelle fut nommé vicaire de Saint-Gengoux. De là, il se rendait à Sercy pour aider un vieux curé.

En 1846, il revint à Lucenay prendre soin de ses neveux devenus orphelins. De son *château* de la Bannière, il venait au bourg de Lucenay dire sa messe dans la chapelle de Saint-Hubert, puis regagnait son manoir.

D'un terrain ingrat et rocheux, il trouva moyen, par des défrichements et des irrigations ingénieuses, de faire une propriété d'un certain rapport. Dans ces travaux, son extérieur ne différait guère de celui d'un paysan. Quand le temps était mauvais, ce qui ne l'arrêtait pas, il jetait sur ses épaules une peau de bique qui, nous a-t-on assuré, sert encore aujourd'hui, 1898, à abriter des abeilles.

M. Bertelle fut atteint par la maladie, chez sa nièce, au bourg de Lucenay ; il mourut le 24 novembre 1871.[1]

---

[1]. Archives et registres de l'Évêché. — Lettres de M. Sebille, curé de Lucenay. — Traditions contemporaines.

INDEX ALPHABÉTIQUE

A

Abord Hippolyte..... page 7.
Abrantès, ville de Portugal, Estrémadure............. p. 31.
Abrantès (duc d'), v. **Junot**................ p. 31.
Aix, île (d'), appartient au département de la Charente-Inférieure........... p. 34.
Alais (Gabriel-Adolphe Vial d'), né à Paray-le-Monial, le 12 décembre 1805 : était au petit séminaire dans les premiers mois de 1818, et s'y trouvait très bien. (Lettre du général, son père, à Mgr Imberties, *archives de l'Évêché*). Il aimait plus tard à rappeler les souvenirs de ce temps. Clerc tonsuré du chapitre de Saint-Denis, en 1820, ordonné prêtre à Rome, en 1830, il fut nommé l'année suivante curé de Volesvres ; de Charolles en 1839 ; vicaire général en 1844, il devint curé de Paray en 1846 ; il y est mort le 19 février 1880. Son patrimoine, considérable, fut presque tout entier employé en bonnes œuvres. A des observations sur sa générosité, il répondait galement : « On m'enterrera bien toujours, et si je ne laisse pas assez pour faire sonner deux cloches. Eh bien ! on n'en sonnera qu'une. »............ p. 63.
Alphonse de Liguori (saint), 1696-1787, fonda l'ordre du Très-Saint-Rédempteur, fut évêque de Sainte-Agathe des Goths, 1762, donna sa démission en 1775, et mourut au milieu des siens à Nocera dei Pagani............. p. 59.
Amphion, héros mythologique : il avait reçu la lyre d'Apollon................ p. 111.

Aux accords d'Amphion les pierres se
[mouvoient,
Et sur les murs Thébains en ordre s'élè-
[voient.
(Boileau, *Art. poét.*, IV, 149, 150.)

Angers, préfecture de Maine-et-Loire............... p. 19.
Anne d'Autriche, fille aînée de Philippe III roi d'Espagne, née en 1601, épousa Louis XIII en 1615, mourut en 1666 p. 4.
Antoine Jules, d'Evreux p. 118.
Arc (collège de l'), à Dôle (Jura), a été dirigé par les Jésuites jusqu'à la Révolution ; c'est aujourd'hui le collège communal............. p. 187.
Argeliers, au canton de Ginestas (Aude), appartenait au diocèse de Narbonne,

dait de la sénéchaussée de Béziers............. p. 30.

Artaud Pierre, sulpicien, né à Brignolles (Var), le 31 janvier 1793, vint au grand séminaire d'Autun en 1822, y fut professeur de dogme, d'écriture sainte et maître des cérémonies ; mort le 8 juin 1859........... p. 62, note.

Aubigny-la-Ronce, du canton de Nolay (Côte-d'Or).... p. 28.

Augea, commune de la paroisse de Maynal, canton de Beaufort (Jura)............... p. 83.

Aulneau............. p. 19.

Aumônier Louis p. 120, note.

Auxy, commune du canton d'Autun.................. p. 54.

Avallon, jadis du diocèse d'Autun, sous-préfect. de l'Yonne p. 6.

Avranches, ancien évêché, sous-préfect. de la Manche. p. 32.

B

Babey............. p. 182.

Bailly Isabelle, femme de Vivant de la Creuse, tous deux bienfaiteurs insignes du couvent des Jacobines. (*Epigr. autunoise*, II, 158.)....... p. 22.

Balafré (le), surnom donné à François de Guise (1519-1563), mais principalement à son fils Henri, le grand ligueur (1560-1588); le premier avait reçu un coup de lance au visage (siège de Boulogne, 1545); l'autre, un coup d'arquebuse à la joue. (Bataille de Dormans, Marne), 1575 .... p. 10.

Ballanche p. 48 et appendice V.

Ballard............. p. 18.

Bannière (maison de la), du patrimoine de M. Bertelle p. 195.

Baume de Montrevel (Marie de la), sœur du Maréchal de même nom, abbesse de Sainte-Marie-Saint-Andoche à Autun; mourut en 1709 au prieuré d'Yseure, où, après de longs débats avec l'évêque d'Autun, elle avait été conduite, en vertu d'une lettre de cachet............... p. 11.

Bazin A .... p. 114.

Beaune, jadis du diocèse d'Autun, sous-préfecture (Côte-d'Or)................. p. 9.

Belin.................. p. 151.

Berbey p. 54 et appendice VI.

Berland J.-B., né à Poisson, en 1815, élève du petit séminaire de 1830 à 1835, y revint en 1840 comme maître d'études, fut ensuite économe, remplit plusieurs fois les fonctions de directeur, a été nommé chanoine honoraire en 1887, retraité en 1892...... p. 65.

Bernadette Soubirous, sœur Marie-Bernard, la privilégiée de Notre-Dame de Lourdes, née le 7 janvier 1844, est entrée à Saint-Gildard, maison mère des sœurs de l'Instruction chrétienne et de la Charité de Nevers, le 8 juillet 1866; elle y est morte reli-

gieuse professe le 16 avril 1879............ p. 112.
Bernard............ p. 47.
Berry (duc de), second fils de Charles X (1778-1820), fut le père de Marie-Thérèse-Charlotte, duchesse de Parme, et de Henri, duc de Bordeaux, comte de Chambord... p. 33.
Bertelle p. 64 et append. VIII.
Berthault Marie-Philémon, né à Nantes en 1778, y fut vicaire avant d'entrer à Saint-Sulpice; vint à Autun avec le titre d'économe, fut supérieur en 1824, se retira à Paris en 1853; il y est mort le 11 avril 1859. Son père avait été guillotiné pendant la Terreur..... p. 180.
Bertrand Nicolas..... p. 24.
Bérulle Pierre, cardinal de 1575-1629, fondateur de l'Oratoire en France...... p. 3.
Besançon, archevêché, préfecture du Doubs........... p. 44.
Bessey Anne de...... p. 87.
Bessières J.-B., duc d'Istrie, né à Prayssac (Lot), 1768, mort la veille de Lutzen, 1er mai 1813. Nous ne pouvons préciser sa parenté avec Mgr Imberties........... p. 52.
Béziers, sous-préf. de l'Hérault: avant la Révolution, évêché suffragant de Narbonne p. 30.
Bezonquet.......... p. 112.
Bigot de Préameneu Félix-Julien-Jean, né à Rennes en 1747, mort en 1825, fit avec Portalis, Tronchet et Malleville, partie de la commission du code civil, était ministre des cultes dès 1808....... p. 51.

Billard Paul........ p. 148.
Blanchet Anne-Léonard, chanoine de la Cathédrale avant la Révolution et après le Concordat, mort le 22 novembre 1825............. p. 48.
Blitersvich de Moncley Antoine-François, nommé à l'évêché d'Autun en 1721, sacré en 1724, fut transféré à Besançon en 1732...... p. 19.
Blois, évêché, préfecture de Loir-et-Cher.............. p. 32.
Blot Paul, né à Autun le 29 septembre 1772, d'abord ouvrier typographe; ordonné prêtre en 1801 par Mgr Moreau, fut successivement vicaire de Couches, curé d'Auxy, de Sommant, de Barnay, se retira en 1842 à Autun, où il mourut le 14 mars 1852.......... p. 178.
Bonnamour Lazare, p. 151.
Bonnardel François, né à Marcigny, 13 août 1764, prêtre en 1788, curé de Semur en 1802, commença dans sa maison l'œuvre du petit séminaire, est mort à Semur, 27 novembre 1836............. p. 50.
Bonnardel Pierre-Am. p. 32.
Bonneau du Martray Ed. p. 63.
Bonnefont Claude-Joseph (Jouffret de)............. p. 30.
Bonniard Hilaire...... p. 7.
Bordeaux, archevêché, chef-lieu de la Gironde......... p. 3.
Bosviel............ p. 124.
Bouange Guillaume (Mgr), né à Aurillac le 19 janvier 1814, vint à Autun comme vicaire général de Mgr de Marguerye, protonotaire apostolique le 13 jan-

vier 1865, retourna à Aurillac en 1872, nommé évêque de Langres le 15 juin 1877, est mort le 5 mai 1884... p. 88.

Bougaud Emile, né à Dijon le 28 février 1823, fut professeur au grand séminaire de Dijon, aumônier de la Visitation dans la même ville, 1851-1861, vicaire général d'Orléans de 1861 à 1878, nommé évêque de Laval le 8 novembre 1887, est mort le 7 novembre 1888. Il y a de lui, au petit séminaire, un dessin, *Sapho*, exécuté pendant ses études classiques..... p. 70.

Bourbon-Lancy, chef-lieu de canton (Saône-et-Loire), s'est appelé pendant la Révolution Bellevue-les-Bains.... p. 29.

Bourgneuf-Val-d'Or, commune du canton de Givry (Saône-et-Loire.............. p. 23.

Bouthillier de Chavigny Denys-François II.... p. 17.

Braux, commune du canton de Précy-sous-Thil (Côte-d'Or)............... p. 24.

Broquin, supérieur du grand séminaire, de 1712 à 1726 : inhumé dans la chapelle basse dudit séminaire p. 16, note 2.

Brunel Pierre .... p. 64.
Bruno Mère .... p. 72.
Buchot Edouard, né à Saint-Germain-du-Bois 1838, fut élève de la maîtrise de la Cathédrale et du petit séminaire : professeur en 1860, il est parti en 1876 chez les Bénédictins de Solesmes; réside, depuis le mois de décembre 1880, à Santo-Domingo-de-Silos (Espagne) .... p. 97.

Buffe Jules, donna sa démission à Pau, en 1880, est avocat à Paris............. p. 115.

Buffot de Millery, famille qui possédait le château d'Eschamps au temps de la Révolution............... p. 178.

Bulliot R. P. Jean... p. 114.
Burdin Pierre........ p. 31.
Bussy-le-Grand, commune du canton de Flavigny (Côte-d'Or)................ p. 31.

Bussy-Rabutin (Roger comte de), né au château d'Epiry, Saint-Emiland (Saône-et-Loire), en 1618, mort à Autun en 1693, et inhumé en l'église Notre-Dame du Chastel d'Autun. Epiry revint en 1648 à la famille de la Madeleine de Ragny, en restitution de dot pour Marguerite de la Madeleine, veuve de François II de Rabutin.................. p. 8.

Buxy, chef-lieu de canton (Saône-et-Loire)............. p. 180.

C

Cambrai, archevêché, sous-préfecture du Nord...... p. 20.

Candale, en anglais Kendal (Westmoreland), comté d'Angleterre qui entra dans la maison de Foix par le mariage de Marguerite de Suffolk, héritière de ce comté, avec Jean de Foix, premier du nom p. 5.

Candale Louis-Charles-Gaston

de Nogaret de Foix (duc de), 1627-1658, petit-fils du premier duc d'Epernon, était ami et compagnon d'armes du prince de Conti............ p. 5.
Cap de Bonne-Espérance, presque à l'extrémité S. de l'Afrique, découvert en 1486 par Barthélemy Diaz qui l'appela *Cap des Tempêtes*............ p. 25.
Caprara J.-B., né à Bologne, 1733, mort à Paris, 1810, conclut le Concordat de 1801. p. 44.
Carcassonne, évêché, chef-lieu de l'Aude............ p. 147.
Carnot Fr.-Cl. et **Carnot** Lazare. — Lazare Carnot dans sa jeunesse avait montré beaucoup de piété. Pendant la Révolution, il refusa de rien acheter des biens d'église ou d'émigrés, et ne permit à personne de sa famille d'en acquérir............ p. 24.
Carpentras, ancien évêché, sous-préfecture du département de Vaucluse............ p. 3.
Carrière Joseph, supérieur de Saint-Sulpice, né dans l'Aveyron en 1795, mort en 1864......... p. 12, note 4.
Chabeuil, cant. de la Drôme p. 150.
Chaffaud (rue), de la rue Dufraigne à la rue Ste-Barbe p. 50.
Chagny, chef-lieu de canton (Saône-et-Loire)..... p. 138.
Chalon, ancien évêché, sous-préfecture de Saône-et-Loire p. 5.
Chamblanc, commune du canton de Seurre (Côte-d'Or) p. 184.
Champchanoux, prieuré dans la paroisse de Saint-Eugène-la-Platte, avec une dépendance de même nom sur la paroisse de Saint-Pantaléon... p. 25.
Changarnier François, ancien avocat, cousin du général, beau-père de M. Harold de Fontenay............ p. 13.
Chantal (Sainte-Jeanne-Françoise de), 1572-1641. p. 139.
Charlieu, chef-lieu de canton (Loire), de l'ancien diocèse de Mâcon............... p. 5.
Charmasse (A. de)... p. 114.
Charmot............ p. 35.
Charolles, sous-préfecture de Saône-et-Loire...... p. 32.
Chauffailles, chef-lieu de canton (Saône-et-Loire)..... p. 118.
Chaussard Jean, de Cussy-en-Morvan, mort diacre en 1856............... p. 72.
Chazeul, Chaseu, Chaseux, de la paroisse de Laizy; il reste de belles ruines du château............ p. 11, note.
Chevalier Pierre..... p. 22.
Chevillard Gilbert.... p. 65.
Chifflot Jean......... p. 90.
Clémencet............ p. 76.
Clermont-Ferrand, évêché, préfecture du Puy-de-Dôme p. 20.
Clermont-Tonnerre (Fr.-L. de)................ p. 16.
Cluny, chef-lieu de canton (Saône-et-Loire)............ p. 4.
Coiffe-au-Diable........ p. 10.
Colbert (J.-B. le Grand), 1619-1683............... p. 8.
Colbert (Michel de)... p. 5.
Collonge-la-Madeleine, commune du canton d'Épinac (Saône-et-Loire)............ p. 121.
Colloredo (Les), famille autrichienne qui tire son nom d'un

château du Frioul. Celui qui est nommé dans notre récit, doit être Jérôme, comte de Colloredo - Mansfeld (1775-1822).............. p. 55.
Combarieu, a été député à l'Assemblée nation. de 1871. p. 98.
Combes (Les), commune du canton de Morteau (Doubs).. p. 182.
Comeau (Alfred de)... p. 65.
Comte Alfred........ p. 114.
Conciergerie, prison du Palais de Justice, à Paris...... p. 33.
Condé sur l'Escaut (Nord), a donné son nom à une branche cadette de la famille de Bourbon............... p. 4.
Condé (duchesse douairière de), Charlotte-Marguerite de Montmorency, fille de Henri I*er*, duc de Montmorency, née en 1593, morte en 1650... p. 5.
Condé le Grand, né en 1621, mort en 1686......... p. 4.
Condren (Charles de), 1588-1641, d'abord membre, puis supérieur de l'Oratoire, après la mort du cardinal de Bérulle............... p. 3.
Condrin (Jean de)..... p. 5.
Conservatoire national de musique et déclamation, établi en 1784 par le baron de Breteuil sous le nom d'Ecole royale de chant et de déclamation, fermé en 1789, rétabli en 1793 avec le titre d'Institut national de musique, organisé sous le nom actuel en 1795...... p. 24.
Consolation, hameau de la commune des Maisonnettes, canton de Pierrefontaine (Doubs). Le pays tire son nom d'une antique chapelle de Notre-Dame de Consolation. Le petit séminaire est à la place d'un ancien couvent de Minimes. p. 186.
Conti Armand de Bourbon (prince de), frère cadet du Grand Condé, né en 1629, mort en 1666......... p. 4.
Cordeliers (couvent des); fondé en 1479 près du Champ-de-Mars, par Guillaume de Villers-Lafaye, seigneur d'Igornay : l'église devint à l'époque du schisme constitutionnel celle de la paroisse Saint-Louis, les bâtiments servirent de caserne; c'est la gendarmerie et l'hôtel naguère du *Chevreuil* aujourd'hui des *Négociants*. p. 49.
Cordeliers (rue des), entre la grande rue Chauchien et la rue aux Maréchaux. p. 177.
Corniot............ p. 151.
Cornu............. p. 147.
Cortelot Marie....... p. 13.
Corvée (champ de la).... p. 7.
Courtépée Claude, né à Saulieu en 1721, prêtre, professeur et sous-principal au collège de Dijon, mort en 1782. Son principal ouvrage est : *Description du duché de Bourgogne*. L'édition citée est celle de 1847-1848 .... p. 6-9.
Creusot, ville industrielle, chef-lieu de canton (Saône-et-Loire)............... p. 96.
Croix (de la), v. Lacroix p. 15.
Croizier Henri ...... p. 130.
Crozat............ p. 99.
Couteaudier........ p. 151.
Couturier.......... p. 50.
Cuénot .... p. 55.

Cuiseaux, chef-lieu de canton (Saône-et-Loire)..... p. 83.

Curgy, commune du canton d'Autun................. p. 11.

D

Dalquier............. p. 98.
Daumas............. p. 193.
Davin.............. p. 124.
Dechevannes François, chanoine de la Cathédrale d'Autun, avant la Révolution et après le Concordat... p. 50.
Deline.............. p. 151.
Delpeuch (R. P. Léon), des Oblats de Marie-Immaculée, né à Bort dans la Corrèze, en 1827, était supérieur de la petite communauté du Sacré-Cœur en 1884, transféré à Marseille, puis chapelain de Montmartre, mort le 5 mai 1897.. p. 143.
Deméru (ou de Méru), famille encore existante, un de Méru Jean a été fait diacre le 4 avril 1699................. p. 23.
Denojean Savinien... p. 151.
Descombes Paul .... p. 151.
Détang Joanni........ p. 86.
Detallencourt...... p. 177.
Devillard Claude.... p. 149.
Devoucoux Jean-Sébastien-Adolphe (Mgr), né à Lyon le 18 mars 1804 ; sa mère Marie-Anne Candrian était fille d'un suisse de la garde de Louis XVI. Nous lui avons entendu raconter qu'enfant elle avait fait trébucher et tomber le comte de Provence dans un escalier des Tuileries, toute honteuse elle s'enfuit auprès de sa mère, et sa peur fut grande en voyant arriver un homme de la maison du frère du roi, mais elle se remit bientôt ; au lieu de reproches, on lui apportait des bonbons. M. Devoucoux était au petit séminaire en 1815 et 1816. Il fut fait prêtre en 1829 ; après avoir été chanoine et vicaire général, il fut nommé évêque d'Evreux, le 20 février 1858, il est mort le 2 mai 1870. Au grand séminaire se trouvent des documents écrits de sa main et cités dans ce livre, avec l'indication *Papiers Devoucoux*.............. p. 81.
Didier, facteur d'orgues à Rambervillers (Vosges) .. p. 144.
Dijon, évêché, préfecture de la Côte-d'Or............ p. 24.
Dinet Ch.-L., né le 29 septembre 1811 à Saint-Christophe-en-Brionnais, prêtre le 13 juin 1835, successivement professeur à Semur, curé de Saint-Pantaléon, supérieur à Semur, aumônier de la Visitation à Autun, chanoine titulaire le 13 décembre 1860, mort subitement le 13 novembre 1872 .... p. 3.
Dôle, sous-préfecture du Jura ; les Jésuites y ont jadis possédé le collège de l'Arc, ils y ont aujourd'hui celui de Mont-Roland................ p. 62.
Doni d'Attichy, d'une famille noble de Toscane, entra chez

les Minimes, fut évêque de Riez, transféré à Autun, il mourut à Dijon en 1664, et fut enterré chez les Minimes de Beaune................ p. 3.
Dormy (de), cette famille a aujourd'hui pour chef M. Lyonel de Dormy.......... p. 179.
Dubled, notaire....... p. 7.
Dubois Jean, né à Dijon en 1626, y est mort le 29 novembre 1694............. p. 79.
Dubost............... p. 84.
Dubouchat ou du Bouchat Etienne-Thonier p. 25 et suiv.

Duchêne, p. 80 et surt. 81 à 115.
Dufeu Antoine, originaire du diocèse du Mans, avait été promoteur de l'officialité à Moulins; fut supérieur du grand séminaire et vicaire général : travailla avec zèle à la construction des bâtiments dans le champ de la Corvée ; il mourut en 1724 et fut enterré dans la chapelle de l'hôpital qu'il avait fait son héritier....... p. 11.
Dyo, commune du canton de la Clayette (S.-et-L.)...... p. 31.

E

Elbe (Ile d'), à onze kil. de la côte de Toscane, 221 kil. carrés............... p. 56.
Embrun, ancien évêché, sous-préf. des Hautes-Alpes p. 32.
Emérence (Sœur et Mère).......... pp. 120 et 149.
Emery Jacques-André, né à Gex en 1732, mort en 1811, entra dans la société de St-Sulpice, prêtre en 1756 et prof. de théologie; il devint supérieur à Angers, fut nommé supérieur général, et emprisonné deux fois sous la Terreur. p. 38.
Entrecasteaux (Joseph-Antoine Bruni d'), navigateur, né à Aix (1739), mort près de Java (1793).......... p. 24.

Épinac, cant. de S.-et-L. p. 95.
Eschamps, hameau de la commune d'Autun, paroisse de Notre-Dame, à trois kilomètres, sur la route de Nevers n° 78................ p. 178.
Este (Marie-Béatrix-Eléonore d'), fille d'Alphonse IV, duc de Modène, née en 1658, épousa en 1673, Jacques II Stuart, roi d'Angleterre, et mourut en 1718................. p. 15.
Etang, commune du canton de Saint-Léger-sous-Beuvray (Saône-et-Loire)..... p. 129.
Eulalie (Sœur)....... p. 147.
Expilly............. p. 30.
Eymoutiers, chef-lieu de canton de la Haute-Vienne.. p. 191.

F

Fairin................ p. 35.
Faivre............... p. 196.
Falloux (Loi)........ p. 84.

Farges Abel......... p. 114.
Farges Antoine, né à Amplepuis (Rhône), le 14 janvier, et

(M. Duchêne), le 18 février (registre de l'Evêché), 1814, entra dans le diocèse d'Autun : fit une partie de ses études chez un de ses oncles, curé d'Oyé, ensuite au petit séminaire de Semur; prêtre le 9 juin 1838, il devint vicaire de Saint-Pierre de Mâcon ; appelé au petit séminaire d'Autun à la fin de 1841, il y professa la rhétorique jusqu'en octobre 1856 où il professa la philosophie : mort le 30 décembre 1868. M. Duchêne, supérieur, lui a consacré une notice qu'il lut à la distribution des prix, le 3 août 1869...... p. 75.
Farraud Joseph....... p. 66.
Fauconnet.......... p. 99.
Fénard............. p. 18.
Figeac, sous-préf. (Lot).. p. 19.
Fillion............. p. 114.
Fismes, chef-lieu de canton du département de la Marne. p. 55.

Fontanes (Louis de), 1757-1821, premier grand-maître de l'université impériale, 1808 p. 53.
Fontanges (de). p. 40 et suiv.
Fontenay (Harold de), né le 15 janvier 1841, mort le 3 août 1889, a publié divers ouvrages d'érudition locale ; les principaux sont ceux que nous avons cités : *Epigraphie autunoise*, 2 vol. in-4°; *Autun et ses Monuments*, avec M. A. de Charmasse........ p. 6.
François de Neufchâteau............. p. 44.
François de Sales (saint), évêque et prince de Genève 1567-1622............ p. 3.
Frascati, dans la province de Rome, 20 kil. S.-E., a remplacé Tusculum, 6,770 hab.. p. 71.
Frémont............ p. 16.
Fribourg, chef-lieu du canton de même nom......... p. 183.

G

Gagnare............ p. 15.
Gannat, sous-préfecture de l'Allier................. p. 30.
Garibaldi, Giuseppe, né à Nice en 1807, mort en 1882. p. 93.
Gillot Antonin........ p. 64.
Gillot Xavier, fils du précédent, finissait ses classes au petit séminaire en 1860. Après de brillantes études médicales, le docteur Gillot est venu se fixer à Autun, où il s'est rapidement fait un nom comme praticien : son goût prononcé pour l'histoire naturelle joint à beaucoup de travail et de succès, lui a fait une place très honorable parmi les botanistes de France et même d'Europe. En diverses assemblées de la Réunion fraternelle, on a été heureux d'applaudir sa parole énergique et chrétienne ; médecin du séminaire depuis de longues années, il se trouvait à un congrès en Russie, au mois d'août 1897: c'est ainsi que

Mère Emérence fut privée de recevoir ses soins : son fils aîné, M. Victor Gillot, p. 150, a embrassé aussi la carrière médicale............ p. 149.

Gimont, chef-lieu de canton (Gers), de l'abbaye il ne reste que des ruines....... p. 14.

Gittard Daniel, né à Blandy-en-Brie (Seine-et-Marne), le 14 mars 1625, mort à Paris le 15 décembre 1686; ses œuvres principales sont à Paris, l'hôtel de la Force, celui de la Meilleraye et une partie de l'église Saint-Sulpice.......... p. 7.

Gloriot S. J., accompagna les troupes françaises en Crimée, ramena en France le corps du maréchal Saint-Arnaud, et repartit pour l'Orient; il est mort à Constantinople..... p. 82.

Goschler, a traduit le dictionnaire de théologie publié par les soins des docteurs Wetzer et Welte, et plus connu en France sous le nom du traducteur.................. p. 2.

Gougé............ p. 18.

Gouttes J.-L.......... p. 30.

Grandjean.......... p. 63.

Grandselve ou *Granselve*, hameau de la commune de Bouillac (Tarn-et-Garonne); il ne reste que des ruines de son abbaye, fondée en 1144........ p. 5.

Granger J.-M......... p. 64.

Grévy Jules, né le 15 août 1813, à Mont-sous-Vaudrey (Jura), mort le 9 septembre 1891. p. 125.

Grillot Jules (le docteur), était chirurgien de l'hôpital et du petit séminaire; son fils Joseph est aussi docteur en médecine à Autun............ p. 197.

Grimaldi .... p. 28.

Gruer ou **Gruyer** (Mme) p. 72.

Guéniard........... p. 76.

Guérin-Muller ..... p. 108.

Guignard Ph........ p. 70.

Guise, chef-lieu de canton (Aisne), érigé (1528) en duché pairie par François Ier......... p. 10.

Guise (Marie de), petite-fille du Balafré, né en 1615 : duchesse de Guise et de Joyeuse, princesse de Joinville; elle est morte en 1688, sans alliance............... p. 10.

Guyane française, colonie dans la partie septentrionale de l'Amérique du Sud... p. 34.

Guyton de Morveau Louis-Bernard, né à Dijon en 1737, mort en 1816. p. 24, note 4.

H

Hallencourt (d') **de Droménil** Charles-François, évêque d'Autun de 1710 à 1721, transféré à Verdun .... p. 18.

Hamard, supérieur au grand séminaire en 1738, décédé à Saint-Sulpice, le 14 septembre 1759............. p, 19.

Haydn François-Joseph, célèbre compositeur, né en 1732 à Rohrau (Autriche), mort en 1809......... p. 145

INDEX ALPHABÉTIQUE

Héricourt (Jean-Marie-Bénigne-Urbain du Trousset d'), né à Questembert (Morbihan), le 15 juillet 1797, nommé à l'évêché d'Autun le 15 avril 1829, sacré à Paris le 6 septembre de la même année, jour de la solennité de saint Lazare, mort le 8 juillet 1851. Une notice a été publiée en 1878 sur ce digne prélat, par M. Stéphen Truchot, chanoine, mort en 1886.. p. 67 et 180.
Honorius ou **Honoré d'Autun**................ p. 2.
Houdetot (comte d').. p. 94.
Humblot de Villiers Claude-Étienne, ou Humbelot de Viliers, chanoine de la Cathédrale, entrait au séminaire le 18 octobre 1697, à 23 ans, p. 15.

I

Imberties Fabien-Sébastien, né à Cahors le 17 février 1737, appartenait à la Compagnie de Jésus lors de sa suppression, nommé évêque d'Autun le 15 juillet 1806, il mourut le 25 janvier 1819...... p. 46.

Issy-les-Moulineaux (Seine), séminaire des philosophes, et maison de la *Solitude*, sous la direction des prêtres de Saint-Sulpice.............. p. 20.

J

Jacques II, roi d'Angleterre de 1685 à 1689, fils de Charles Ier, frère de Charles II, il mourut en 1701, à Saint-Germain-en-Laye................ p. 15.
Javouhey (les Sœurs), 1° Anne Javouhey, plus tard sœur et mère Anne-Marie, était née à Jallanges (Côte-d'Or), le 10 novembre 1779, morte le 15 juillet 1851 ; 2° Pierrette, sœur Marie-Térèse ; 3° Marie-Françoise, sœur Marie-Joseph ; 4° Claudine, sœur Rosalie................ p. 46.
Javouhey Léopold, né à Mana (Guyane française), parent et filleul de la Mère Javouhey, a fait sa carrière dans l'artillerie de marine ; il est aujourd'hui général et directeur de l'artillerie au ministère de la marine.
Jeanney Joseph R. P. p. 183.
Joliet Gaston, après son exploit d'Autun, fut successivement appelé à la préfecture de l'Ain, de la Haute-Marne et de la Charente ; il donna sa démission en 1894 pour briguer à Dijon un mandat de député qu'il n'obtint pas, vient d'être nommé préfet de la Vienne (mi-juillet 1898)..... p. 120.
Jorland, né le 1er janvier 1778, ordonné prêtre en 1803, fut

curé d'Essertenne, de Saizy et de Collonge-la-Madeleine, il est mort le 27 décembre 1855 .... p. 178.
Jouhant.............. p. 63.
Jouvenet Jean, peintre célèbre, né à Rouen en 1647, mort à Paris en 1717........ p. 79.
Joux (Fort de) (Doubs), 3 kil. S.-S.-E. de Pontarlier p. 143.
Juillet Louis, né à Saint-Jean-de-Vaux le 15 juillet 1802 : après avoir commencé ses études en famille, il vint au petit séminaire d'Autun : nous l'y trouvons en troisième à la fin de 1816, après son grand séminaire, il y fut professeur cinq ans, reçut la prêtrise le 3 juillet 1825, et devint successivement vicaire de Saint-Pierre à Chalon, curé de Châtenoy, secrétaire particulier de Mgr d'Héricourt, supérieur du petit séminaire, de la fin de juin 1835 au 2 février 1842 ; aumônier du Saint-Sacrement, chanoine, vicaire général honoraire, reçut le titre de missionnaire apostolique, il est mort le 22 avril 1870 à Tournus............... p. 63.
Junot Andoche........ p. 31.
Junot, élève du petit séminaire............... p. 31.

L

Lachot.............. p. 76.
Lacroix ou **de La Croix,** secrét. du Chapitre, au temps de Mgr de Roquette.. p. 15.
Laffon, préfet de Saône-et-Loire en 1884, mort à Sèvres ; il a eu des obsèques civiles, sur sa demande, septembre 1891............... p. 127.
Lagoutte Louis, né à Autun en 1833, exerçait depuis plusieurs années les fonctions d'architecte, quand il fut chargé de transformer la chapelle du Sacré-Cœur ; plusieurs églises par lui bâties, celle de Santenay (Côte-d'Or) en particulier, témoignent de son talent professionnel. Ancien élève du séminaire, ami de plusieurs professeurs il a montré le plus actif dévouement lors de la désaffectation .... p. 138.
Lagrange R. P. Marie-Joseph-Albert, des Frères Prêcheurs, directeur de l'école Saint-Etienne à Jérusalem. p. 114.
Lallemant Pierre...... p. 6.
Lamourette Adrien, né à Frévent (Pas-de-Calais), évêque constitutionnel de Rhône-et-Loire, guillotiné en 1794 p. 31.
Lancelot veuve........ p. 7.
Landriot François, né le 13 février 1814 à Couches-les-Mines, vint comme élève au petit séminaire avec son parent, y fut professeur en 1837, directeur successif des trois divisions ; il fut installé chanoine titulaire le 8 octobre 1871, est mort à Autun le 18 octobre 1881............... p. 88.
Landriot J.-B. (Mgr), né le 9 juillet 1816 à Couches-les-Mines, fut élève du petit sémi-

naire de 1827 à 1832, y revint
professeur en 1835, sans avoir
terminé sa théologie, fut attaché
à la maison des missionnaires
diocésains ; ordonné prêtre le
25 mai 1839, nommé vicaire
de la Cathédrale le 8 juin 1840,
il rentrait comme sous-direc-
teur au petit séminaire le
18 octobre 1841 ; le 2 février
1842 il remplaçait M. Juillet,
et resta supérieur jusqu'aux
vacances de 1849 : chanoine
titulaire et vicaire général
honoraire, il fut appelé le
7 avril 1856 à l'évêché de la
Rochelle, dix ans plus tard à
l'archevêché de Reims ; il est
mort le 8 juin 1874. — M. Duchêne lui a consacré une notice
qui a été imprimée, une autre
se trouve dans les mémoires
de la Société Éduenne, nouvelle
série, tome XXIII, p. 63 et 75.
Langres, évêché, sous-préfecture
de la Haute-Marne.. p. 110.
Lanneau (Victor de), après les
tristes et odieuses scènes d'Autun fonda à Paris l'institution
Sainte - Barbe, revint à des
sentiments très chrétiens, est
mort en 1830........ p. 37.
Lantenay, commune du canton
de Dijon-Ouest....... p. 95.
La Pérouse Jean-François
(Galaup de), né à Alby en 1741 ;
chargé par Louis XVI d'une
expédition autour du monde, il
arriva à Botany-Bay (Austra-
lie), en 1788. On n'eut plus de
ses nouvelles. En 1827, l'anglais Dillon retrouva les débris
de ses navires sur la côte de
Vanikoro, l'année suivante
Dumont d'Urville, y éleva un
monument et ramena en France
des ancres et des canons pro-
venant de sa flottille et échoués
sur des bancs de corail. p. 24.
Laprès............ p. 42.
Larchey (Etienne, le père), ra-
cheta au prix de 1,392 francs,
le 30 juin 1797, comme man-
dataire des paroissiens, l'église
de Curgy, acquise un peu avant,
à titre de bien national, par
Jacques Pidault, curé constitutionnel depuis le 2 novembre
1791. Jean-Philibert Larchey
son fils, né le 16 octobre 1796,
est mort chanoine honoraire, le
21 février 1869..... p. 192.
Lauras, commune de Roquefort
(Aveyron)......... p. 147.
Lavault............ p. 64.
Léautier........... p. 34.
Lebrun (') .... p. 64.
Lecoz.... .... p. 185.
Legrand Louis....... p. 20.
Lelong Etienne-Antoine-Alfred,
(Mgr), né à Chalon le 3 décembre 1834, vint comme élève au
petit séminaire, à Pâques 1849 ;
son grand séminaire terminé,
il fut appelé à l'évêché ; après
avoir été vicaire général, de
1867 à 1877, il a été nommé
évêque de Nevers, le 21 août
de cette dernière année. p. 91.
Lemaire Nicolas-Eloi, huma-
niste et philologue, né en 1767
à Triancourt (Meuse), mort à
Paris en 1832, fut chargé par
Louis XVIII de publier la collection des classiques latins,
152 vol. in-8°. Cette *Bibliotheca*

rendit des services, mais elle renferme des parties très inégalement estimables.. p. 60.

Lemoine, devait être un des élèves de Lenôtre..... p. 9.

Lénax, commune du canton du Donjon (Allier), jadis du diocèse d'Autun........ p. 16.

Lenoble Claude, né à Auxy le 22 décembre 1795, ordonné prêtre en 1822, fut vicaire à Notre-Dame et à la Cathédrale, curé de Tavernay, chapelain des Carmélites d'Autun, curé de Saint-Martin-de-Commune, précepteur dans la famille Carnot, à la condition d'avoir chaque jour une omelette au lard. (Nous l'avons entendu dire, par M. Lazare-Hippolyte Carnot, second fils de Lazare Carnot), revint à Autun, où il mourut retiré à la Providence, le 15 mars 1879 ; scrupuleux, original, il avait une excellente mémoire, malheureusement il n'a pas assez écrit. p. 54-177.

Lenôtre André, 1613-1700, célèbre dessinateur de jardins, spécialement des parcs de Versailles................. p. 9.

Léon XIII (Sa Sainteté le Pape), (Joachim Pecci), né à Carpineto Romano, le 2 mars 1810, élu le 22 février 1878, couronné le 3 mars de la même année................. p. 121.

Lequin Jean-Denys, né à Remigny en 1812, nommé professeur au petit séminaire en 1837, il a été fait en 1882 chanoine prébendé......... p. 64-97.

Lequin Louis......... p. 64.

Léséleuc de Kerouara (Léopold-René Mgr de), né en 1814, à Saint-Pol-de-Léon (Finistère), fut ordonné prêtre à Rome, le samedi saint 22 mars 1845 : docteur en droit civil et canonique, docteur en théologie ; il fut dans son diocèse curé de Plougonven, chanoine, vicaire général ; préconisé évêque d'Autun le 23 décembre 1872, sacré le 16 février 1873, il mourut subitement le 16 décembre, ses funérailles eurent lieu le 23 .... p. 105.

Lesplu-Dupré....... p. 32.

Lestrade............. p. 32.

Léveillé Jean-Bernard, né le 23 janvier 1790 à Venarey, alors du diocèse d'Autun, aujourd'hui du diocèse de Dijon, canton de Flavigny (Côte-d'Or), quitta son pays, probablement pour n'avoir pas affaire avec l'évêque Reymond, fut incorporé à Autun le 26 avril 1808, y fit ses études cléricales, aida, n'étant que diacre, à l'établissement du petit séminaire de Nevers, reçut la prêtrise à Grenoble, le 4 novembre 1814, de Mgr Simon, ancien professeur de rhétorique au collège d'Autun, devint vicaire de Saint-Vincent de Mâcon, était nommé le 1er avril 1816 directeur du petit séminaire et chargé de desservir Monthelon. Supérieur à la rentrée de 1818, il quitta ce poste à la fin de juin 1835, retourna à Mâcon comme curé de Saint-Vincent, fut nommé chanoine titulaire le 14 juin

1858, et mourut dans sa maison, impasse Notre-Dame, n° 8, le 6 novembre 1872..... p. 57.
Limoges, évêché, chef-lieu de la Haute-Vienne....... p. 191.
Limoux, sous-préfecture de l'Aude............ p. 147.
Londe J.-B. (Lebas de la), supérieur du grand séminaire, de 1755 à 1790.......... p. 9.
Longepierre, commune du canton de Verdun-sur-Saône ; on dit aussi Verdun-sur-le-Doubs............. p. 187.
Louhans, sous-préfecture de Saône-et-Loire....... p. 81.
Louis XIV, fils de Louis XIII et d'Anne d'Autriche, né en 1638, roi en 1643, mort en 1715.. p. 3-13, appendice II.
Louis XV, arrière-petit-fils de Louis XIV, né en 1710, roi en 1715, mort en 1774. p. 14.
Louis XVI, petit-fils de Louis XV, né en 1754, roi en 1774, prisonnier au Temple, 1792, mort le 21 janvier 1793............... p. 14.
Lucenay-l'Évêque, chef-lieu de canton (S.-et-L.).... p. 195.
Lusigny, commune du canton de Bligny-sur-Ouche (Côte-d'Or)............... p. 20.

M

Mac Mahon (Marie-Edme-Patrice-Maurice de), duc de Magenta, maréchal de France, président de la République, né à Sully (S.-et-Loire), le 13 juillet 1808, mort au château de la Forêt, commune de Montcresson (Loiret). La France s'est honorée en lui faisant des funérailles nationales ; son tombeau est aux Invalides. — Trop connu pour qu'il soit besoin d'autres détails.. p. 63.
Mâcon, ancien évêché, chef-lieu du département de Saône-et-Loire............... p. 4.
Magnien ou **Magnin** p. 32 et s.
Magnin R. P. Joseph né en 1846 à Pusignan (Isère). En quittant le Sacré-Cœur, il fut associé aux missionnaires diocésains : il est leur supérieur et curé de la paroisse de St-Jean p. 143.
Maillardoz, la famille existe encore............ p. 182.
Maintenon, chef-lieu de canton d'Eure-et-Loir, son château célèbre fut acheté par Louis XIV, qui en fit don à Françoise d'Aubigné créée marquise de Maintenon 1674...... p. 10.
Maintenon (Madame de), née Françoise d'Aubigné en 1635, morte en 1719. Veuve du poète Scarron, elle était devenue, en 1684, l'épouse de Louis XIV............ p. 10.
Maison-de-Bourgogne, de la commune de la Comelle.. p. 23.
Maitrejan (Mlle)..... p. 177.
Malakoff (boulevard), va de Saint-Blaise à Rivaux, où habitait M. Joseph de Mac Mahon, frère du héros de Malakoff (Crimée)....... p. 22.
Mallard............ p. 32.

Mallet, né à Lénax, alors du diocèse d'Autun, entra au grand séminaire le 20 novembre 1691, fut fait prêtre le 27 mars 1694, 2ᵉ supérieur du petit séminaire, il en vit la réunion au grand, 1710. Il fut inhumé dans la chapelle basse par M. Hamard, supérieur, le 25 avril 1747. Il avait 80 ans.. p. 15.

Malplaquet, village du département du Nord. Villars y fut battu par Marlborough et le prince Eugène, 11 septembre 1709............ p. 17.

Mana (Guyane française), sur la rivière du même nom p. 114.

Mangematin Jean-Alphonse, élève du petit séminaire (1856-1861), y fut maître d'études, professeur de philosophie, directeur (1866-1873), devint secrétaire particulier de Mgr de Léséleuc, fut ensuite quelques mois curé d'Anzy, rappelé à la chancellerie par Mgr Perraud, il est vicaire général depuis 1877 .... p. 116.

Marbeuf (Yves-Alexandre de), évêque d'Autun ...... p. 25.

Marchal, Charles-Gilbert-Vincent, né le 22 janvier 1784, prêtre le 12 mars 1808, fut vicaire de Couches, curé de Saint-Gervais 1812, d'Antully 1815 ; fait chanoine honoraire le 30 août 1856, il mourut retiré à Autun le 8 décembre................ p. 180.

Marguerye (Frédéric-Gabriel-Marie-François de), évêque d'Autun de 1852 à 1872, avait été évêque de Saint-Flour ; ayant donné sa démission, il se retira d'abord à Saint-Denis, puis à Paris où il mourut le 20 janvier 1876 .... p. 102.

Marly-sous-Issy, commune du canton d'Issy-l'Évêque p. 148.

Marmillot, né à Cussy-en-Morvan le 4 juin 1824, fut au petit séminaire de 1848 à 1889 maître d'études, professeur de français, directeur des moyens, professeur de sciences, est mort subitement le 21 octobre 1894.............. p. 97.

Marolles .... p. 30.

Martin Joseph .... p. 72.

Martin-Sauvignier .. p. 65.

Martinet Adrien, né à l'Abergement-Sainte-Colombe en avril 1843, a été au petit séminaire de 1868 à 1898 maître d'études, professeur de rhétorique, directeur et économe, il a été installé chanoine titulaire le 16 avril dernier .. p. 116.

Masson Emiland..... p. 148.

Maupeou (Jean de)..... p. 5.

Maury Léon, né dans le diocèse de Cahors, le 8 mars 1765, était secrétaire à l'évêché d'Autun en 1803, vicaire général honoraire en 1809, titulaire en 1818, mort le 18 décembre 1840 .... p. 52.

Méhu Claude-Marie, né à Charolles le 12 décembre 1766, prêtre et vicaire de Dyo en décembre 1790, s'exila pendant la Terreur, revint à Dyo en 1795, en fut curé en 1803, et y mourut le 22 avril 1848 p. 31.

Ménot Michel......... p. 86.

Méreau .... p. 146.

INDEX ALPHABÉTIQUE

Mesvres, chef-lieu de canton (Saône-et-Loire)...... p. 59.
Meussot Etienne...... p. 22.
Milhau, sous-préfecture (Aveyron)............... p. 98.
Miller Pierre, né à la Roche-Millay le 24 août 1808, fut professeur au petit séminaire de la rentrée de 1831 à celle de 1837, puis directeur jusqu'à la sortie de 1848 ; pro-secrétaire à l'évêché, aumônier du Saint-Sacrement, fut fait chanoine honoraire le 3 mai 1852, titulaire le 2 octobre 1857, mort le 9 janvier 1865 p. 64.
Millot Claude........ p. 151.
Millot Etienne, né à Chagny le 15 octobre 1800, fut des premiers élèves à la porte des Marbres, y revint deux ans professeur ; prêtre le 28 décembre 1823, il fut curé de Fretterans, de la Chapelle-Saint-Sauveur ; nommé à Saint-Germain-du-Bois, il fut fait chanoine honoraire en 1877 ; retraité le 30 avril 1887, il mourut le 10 octobre p. 54.
Moïse............... p. 182.
Monaco, principauté indépendante, enclavée actuellement dans le département des Alpes-Maritimes............. p. 28.
Montazet (Antoine Malvin de), évêque d'Autun de 1748 à 1758.............. p. 20.
Monge Gaspard, de Beaune, 1746 à 1818........... p. 23.
Monge, professeur au petit séminaire.............. p. 23.

Monge Jean-Marie.... p. 23.
Montbard, chef-lieu de canton (Côte-d'Or)........... p. 31.
Montcenis, chef-lieu de canton (Saône-et-Loire)...... p. 29.
Monthelon, commune du canton d'Autun............. p. 185.
Montjeu, forêt et parc sur Autun et Broye............ p. 65.
Montpellier, évêché, chef-lieu de l'Hérault............ p. 147.
Moreau (Mgr Gabriel-François), d'abord évêque de Mâcon 1763, nommé à Autun après le Concordat, mourut à Mâcon le 8 septembre 1802.... p. 178.
Moreau Vivant........ p. 22.
Morelot Stéphen...... p. 64.
Morin Frédéric........ p. 93.
Morteau, chef-lieu de canton (Doubs)............. p. 186.
Motte (La)............. p. 182.
Moulins, préfecture de l'Allier, a appartenu au diocèse d'Autun............ p. 15 et 25.
Mouret............... p. 50.
Munier.............. p. 151.
Murillo Bartolomo Esteban, célèbre peintre espagnol 1618-1682............... p. 79.
Musy (Humbert de).... p. 80.
Musy (Victor de), entra dans les ordres, fut guéri miraculeusement à Lourdes le jour de l'Assomption 1873, devint curé de Chagny, est mort le 26 octobre 1897 après avoir donné sa démission... p. 80.
Muzeau Eugène....... p. 86.

N

Nanteuil, hameau de Curgy, canton d'Autun..... p. 192.
Napoléon, 15 août 1769, 5 mai 1821............... p. 193.
Narbonne, ancien archevêché, s.-préfect. de l'Aude.. p. 30.
Nardon Hugues, né à Saint-Didier-sur-Arroux, condisciple et ami de Joseph Bonaparte au collège d'Autun, fut en 1794 et 1795 agent national du comité de sûreté générale, sous-préfet d'Autun au commencement du Consulat, gouverneur de Cuenca (Nouvelle-Castille), Joseph Bonaparte étant roi d'Espagne ; il y fut tué dans une émeute, 9 mai 1812 .... p. 42.
Naulin J.-Claude, né à Paray, le 23 juillet 1806, prêtre le 19 décembre 1829, fut directeur-économe au petit séminaire de 1833 à 1837, est mort chanoine honoraire et curé de Saint-Pierre de Mâcon, le 24 janvier 1886 ...... p. 66.
Neuve, rue, va du Champ-de-Mars à la rue du Carrouge............... p. 21.
Nevers, chef-lieu du département de la Nièvre, a fait partie du diocèse d'Autun, depuis le Concordat jusqu'en 1823. p. 58.
Nolay, chef-lieu de canton (Côte-d'Or)............... p. 120.
Nouveau Claude, né à Bourbon-Lancy en 1850, a été successivement maître d'études, professeur de troisième et de philosophie au petit séminaire d'Autun, de 1873 à 1894, à la rentrée de cette dernière année, il a été installé supérieur de Semur .... p. 145.
Noyon, ancien évêché, canton du département de l'Oise. p. 28.
Nuguet Benoit-Symphorien, de Mâcon .... p. 117.

O

Oblats de Marie-Immaculée, congrégation de missionnaires fondée à Marseille par Mgr de Mazenod........ p. 139.
Olier Jean-Jacques, 1608-1657, fondateur de la société de Saint-Sulpice......... p. 3.
Olivier Jean-André ... p. 34.
Oran, chef-lieu de la préfecture du département de même nom dans l'Afrique française.... p. 94.
Orléans, évêché et préfecture du Loiret............... p. 20.
Orphelins (collège des), fondé par la famille de Broissia, d'abord pour des enfants privés de leurs parents, a admis ensuite des élèves plus fortunés............... p. 182.
Oudenarde ou Audenarde, ville de Belgique (Flandre orientale), une armée française commandée par le duc de Bourgogne et Vendôme, y fut défaite le 1er juillet 1708 par Marlborough............... p. 17.

P

Paillet, professeur de législation à l'École centrale. p. 43.
Pallavicini ou Pallavicino Sforza, né à Rome en 1607, mort en 1667, son histoire du concile de Trente, composée en italien, a été traduite en latin par Giattino............ 2.
Paray-le-Monial, chef-lieu de canton de S.-et-L.... p. 60.
Pasques, commune du canton de Dijon-ouest.......... p. 95.
Pequegnot.......... p. 64.
Perraud (Adolphe-Louis-Albert cardinal), né à Lyon, le 7 février 1828, sacré évêque d'Autun le 29 juin 1874, élu à l'Académie française le 8 juin 1882, créé cardinal *in petto*, le 16 janvier 1893, publié le 29 novembre 1895... p. 107.
Perrecy-les-Forges, commune du canton de Toulon-sur-Arroux (Saône-et-Loire)..... p. 25.
Perret, entra dans l'Université, fut professeur de philosophie à Lyon et censeur à Bordeaux, est, dit-on, mort à Mâcon. p. 55.
Perrot Joseph........ p. 92.
Petit Collège .... p. 22.
Petitjean Bernard (Mgr), né à Blanzy le 14 juin 1829, fut au petit séminaire maître d'études et professeur de 1852 à 1854, vicaire à Verdun, missionnaire diocésain, aumônier des sœurs de Chauffailles (de 1854 à 1859), entra au séminaire des Missions étrangères, partit pour le Japon le 13 mars 1860 y fut fait évêque le 21 octobre 1866, est mort à Nagazaki le 7 octobre 1884...... p. 114.
Piard............... p. 32.
Pie VII (Barnabé-Louis Chiaramonti), né à Césène (Etats de l'Eglise) en 1740, fut moine bénédictin, élu pape en 1800, il mourut en 1823...... p. 45.
Pie IX (Jean-Marie Mastaï Ferretti), né à Sinigaglia (Etats de l'Eglise), le 13 mai 1792, pape en juin 1846, mort le 7 février 1878....... p. 102.
Pierre-en-Bresse, chef-lieu de canton (S.-et-L.).... p. 138.
Pignot Henri. p. 6 et passim.
Pillot de Fougerette Gabriel, né le 24 janvier 1651 à Autun, acolyte et chanoine d'Autun, est mort à Paris en 1703. p. 13.
Pinard Ernest......... p. 70.
Pitra (J.-B. cardinal), né à Champforgeuil le 1er août 1812, mort à Rome (Saint-Calixte), le 9 février 1889, fut cinq ans élève (1825-1830), et six ans professeur (1835-1841) au petit séminaire, se fit bénédictin à Solesmes, revêtu de la pourpre cardinalice le 16 mars 1863, il devint cardinal suburbicaire, à Frascati, d'abord, puis à Porto. Sa vie a été écrite par Mgr Battandier et Dom Cabrol......... p. 63.
Poitou............. p. 130.
Pommier.... .... p. 18.

Portalis .... p. 47.
Posen, ville de la Prusse méridionale, démembrée de la Pologne en 1793 .... p. 47.
Pourprix, après avoir été professeur, curé de Mesvres et de Saint-Pierre de Mâcon, il fut chanoine titulaire, quitta Autun pour cause de santé et mourut à Ardoix (Ardèche), le 11 mars 1869 .... p. 59.
Prairie-l'Évêque, à droite des Caves-Joyaux, des routes de Beaune et Chalon, appartenait avant la Révolution aux évêques d'Autun ; a été achetée comme bien national par L.-M. Le Pelletier de Saint-Fargeau, le 30 mars 1792, au prix de 57,000 livres .... p. 56.
Prieur Paul .... p. 151.
Prince (M. le) Henri-Jules, prince de Condé, 1645-1709. p. 10.
Puy (le), évêché, chef-lieu du département de la Haute-Loire .... p. 191.

Q

Quesnel .... p. 130.
Quintilien Marcus Fabius Quintilianus, célèbre rhéteur et critique, né à Calagurris (*Calahorra*, Espagne), 42 avant Jésus-Christ, mort vers 120. L'ouvrage auquel il doit sa réputation est intitulé : *De institutione oratoria* .... p. 61.

R

Rabutin-Chantal (Françoise de), fille de Christophe de Rabutin et de Jeanne-Françoise de Frémyot — Sainte Chantal — avait épousé Antoine de Toulonjon qui fut gouverneur de Pignerolles. Elle mourut le 4 décembre 1684 et fut inhumée dans la chapelle de la Visitation d'Autun, où étaient déjà le cœur de son mari et le corps de son beau-frère Claude de Toulonjon, abbé de Saint-Satur. Sa fille Gabrielle, morte en 1648, fut la première femme de Bussy-Rabutin .... p. 139.
Rambervillers, chef-lieu de canton (Vosges) .... p. 144.
Rassier .... p. 18.
Rats (rue aux), de la rue Cocquand à la jonction des rues Neuve, St-Andoche, du Carrouge. p. 49.
Receveur (le V. P. Antoine-Sylvestre), né à Bonnétage (Doubs), au diocèse de Besançon, le 28 décembre 1750, prêtre le 10 juin 1775, se distingua par son zèle à prêcher des retraites, particulièrement aux Fontenelles, où il fonda la société de la Retraite chrétienne. Pendant la Révolution il erra à travers l'Europe, — Suisse, Bavière, Autriche, Dalmatie, Italie, — avec ses solitaires. Rentré en France en 1803, il fut appelé à Autun

par Mgr de Fontanges qui l'envoya évangéliser Cercy-la-Tour; il s'y dépensa pendant trois mois, et mourut au soir du 7 août 1804. Sa vie a été écrite par M. le chanoine Suchet. Déclaré Vénérable le 8 mai 1883, son procès de canonisation se poursuit p. 188.

Reclesne, commune du canton de Lucenay-l'Évêque.... p. 192.

Reims, archevêché, sous-préfecture du département de la Marne............... p. 3.

Rérolle Alexis....... p. 64.

Ricciotti Garibaldi, deuxième fils du condottiere, a été élevé, dit-on, chez le duc de Sutherland; il a montré parfois, en Italie comme en France, des sentiments honnêtes ; au séminaire il a été d'une parfaite convenance. Il avait laissé à M. Duchêne une lettre de remerciements que nous n'avons pu retrouver.... p. 94.

Rigny-sur-Arroux, commune du canton de Gueugnon. p. 149.

Rimont, hameau de la commune de Fley, canton de Buxy : les libéralités de familles généreuses, celles de M. Bordeaux surtout, ont permis d'y bâtir une église, et d'y fonder une école cléricale qui s'est rapidement développée.. p. 118.

Rivaux, château et ferme à l'O. du faubourg St-Blaise. p. 22.

Rivière............. p. 32.

Robespierre Maximilien 1759-1794............. p. 38.

Rocaut Edgar....... p. 114.

Rocault Pierre, né à la Rochepot, près Nolay le 8 janvier 1778, fit ses études pendant la Révolution auprès de son curé, à qui il avait fait une cabane dans les bois : il le nourrissait de sa chasse, et faisait le guet pendant la messe du dimanche ; après avoir été vicaire de Montcenis et du Creusot, il fut curé de Blanzy en 1817, de Notre-Dame de Cluny en 1831. Il refusa en 1848 les clefs du clocher aux révolutionnaires, fut décoré de la Légion d'honneur le 22 décembre 1851 ; il est mort le 5 juillet 1861........ p. 178.

Roché François, curé de Saint-Pancrace en 1789, de la Cathédrale à l'époque du Concordat, est mort le 1er septembre 1806..... p. 29, note 3.

Rochefort, port de guerre, sous-préfecture de la Charente-Inférieure............. p. 34.

Rochelle (la), chef-lieu de la Charente-Inférieure....... p. 88.

Roque (de la)........ p. 112.

Roquette (de) Gabriel p. 4 et s.

Roquette (de) Henri-Auguste-Louis........ p. 12 et suiv.

Rosny (Antoine-Joseph-Nicolas de), né en 1771, mort en 1814, a composé sur place en 1802 son *Histoire de la ville d'Autun* qui laisse beaucoup à désirer. « L'histoire d'Autun reste encore à faire. » Weiss. *Biog. Michaud*............. p. 10.

Roujoux (baron de)... p. 46.

Roze Nicolas......... p. 23.

Ruben p. 56, v. append. VII.

S

Sacré-Cœur (Dames du), congrégation fondée le 21 novembre 1800, par la Vénérable Mère Madeleine-Sophie Barat (13 décembre 1779, 25 mai 1865).............. p. 139.
Sacré-Cœur (maison du) p. 137.
Saint-Antoine (rue), de la rue des Marbres à la rue Piolin p. 40.
Saint-Aubin-sur-Loire, commune du canton de Bourbon-Lancy.............. p. 138.
Saint-Blaise (faubourg), dans la partie haute de la ville d'Autun................ p. 22.
Saint-Calixte (San-Calisto), monastère bénédictin, attenant à l'église du même nom, près de Santa-Maria-in-Trastevere. Des appartements y avaient été aménagés pour Dom Pitra devenu cardinal........ p. 69.
Saint-Clément-lès-Mâcon, aujourd'hui rattaché à Mâcon même............... p. 61.
Saint-Christophe (rue), va de l'angle inférieur occidental de la place du Champ-de-Mars aux rues du Vieux-Collège, de la Grille et Jondot... p. 20.
Saint-Denis-en-Vaux, prieuré dépendant de l'abbaye de St-Denys, près Paris, situé dans la commune de Vaux, canton de Leigné-sur-Urseau (Vienne), il n'en reste que des ruines, partie de style roman, partie de gothique flamboyant p. 4.
Sainte-Croix, commune du canton de Montpont.......... p. 81.

Sainte-Marie-Saint-Andoche, ancienne abbaye bénédictine fondée par Brunehaut ; son emplacement est occupé par la maison mère des sœurs du Saint-Sacrement...... p. 11.
Saint-Emiland, commune du canton de Couches-les-Mines............... p. 38.
Saint-Esprit ou *Saint-Antoine*, hôpital............... p. 26.
Saint-Gabriel, hôpital .. p. 26.
Saint-Gengoux, jadis le Royal, actuellement le National, chef-lieu de canton (S.-t-L.) p. 198.
Saint-Géraud, paroisse d'Aurillac : l'église est construite à la place de l'église abbatiale du même nom ...... p. 110.
Saint-Germain-du-Bois, chef-lieu de canton (S.-et-L.).. p. 54.
St-Germain-l'Auxerrois.. p. 33.
St-Hubert, chap. privée; n'existe plus comme telle..... p. 198.
Saint-Jean-le-Grand, paroisse de la ville d'Autun. Ce qui reste de l'ancienne abbaye de bénédictines, a été acheté, avec le clos, le 30 novembre 1843, par Mgr d'Héricourt. Les Pères Oblats sont chargés de la paroisse et des missions p. 137.
Saint-Lazare, église cathédrale d'Autun, après celle de Saint-Nazaire, paroissiale depuis le Concordat............ p. 41.
St-Mandé, village (Seine) p. 24.
Saint-Martin, hameau de la commune de Saint-Pantaléon; la maison de campagne du grand

séminaire occupe l'emplacement d'une abbaye bénédictine, où a été le tombeau de la reine Brunehaut.......... p. 93.

Saint-Nazaire, ancienne cathédrale d'Autun, il n'en reste que peu de chose à la Maîtrise, dont la cour est sur l'emplacement de l'église démolie en 1778 .... p. 16.

Saint-Pancrace, ancienne paroisse d'Autun, l'église a été démolie après 1791........... p. 27.

Saint-Quentin (rue), de la rue Dufraigne à celle des Sous-Chantres .... p. 6.

Saint-Sulpice, paroisse et grand séminaire, à Paris ... p. 12.

Saint-Symphorien, hameau de la commune de St-Pantaléon ; le premier martyr d'Autun y eut son tombeau. Saint Euphrone, au milieu du cinquième siècle, fit bâtir en son honneur une basilique et une abbaye qui devint un prieuré de chanoines réguliers génovéfains...... p. 3.

Saint-Ylie, village du canton de Dôle, trois kil. (Jura). p. 99.

Salornay, commune du canton de Cluny (S-et-L.).... p. 65.

Sarrebruck, en allemand Saarbrucken, Prusse rhénane p. 92.

Saulnier Jacques - Claude. p. 26 et suiv., append. IV.

Saveron François ... p. 120.

Scolastique (Ste), sœur de St-Benoît, morte en 543. p. 148.

Semur-en-Auxois, chef-lieu de canton (Côte-d'Or).... p. 24.

Semur-en-Brionnais, chef-lieu de canton (S.-et-L.). Le petit séminaire a été commencé par M. Bonnardel, curé, le presbytère en fut le berceau.. p. 29.

Senaux (Anne de), mère de Mgr de Roquette...... p. 4.

Senaux (Bertrand de), évêque d'Autun............. p. 16.

Senaux (Marguerite de), tante de Mgr de Roquette... p. 4.

Sénégal, colonie française sur la côte O. d'Afrique.... p. 147.

Sens, archevêché, sous-préfecture de l'Yonne........... p. 5.

Sercy, commune du canton de Buxy (S.-et-L.)..... p. 198.

Seurre, chef-lieu de canton, avant la Révolution, faisait partie du diocèse de Besançon p. 184.

Seurtet Gabriel.. ... p. 151.

Servet............... p. 18.

Solesmes, village du canton de Sablé (Sarthe), le prieuré fondé en 1010, fut rétabli par Dom Guéranger en 1830 et érigé en abbaye par Grégoire XVI, 1837. C'est le centre de la Congrégation des Bénédictins de France........... p. 71.

Sommant, com. du canton de Lucenay-l'Évêque (S.-et-.L.) p. 65.

Sorbonne, maison célèbre d'études théologiques, fondée de 1252 à 1254 par Robert Sorbon, chapelain de St-Louis ; aujourd'hui chef-lieu de l'académie universitaire de Paris. p. 12.

Souaillard (le R. P. Jean-Marie), né à Paray-le-Monial, le 19 décembre 1816, fit la majeure partie de ses études classiques au petit séminaire d'Autun ; après son grand séminaire, fut un an professeur à Semur, prêtre en 1839, il

resta deux ans vicaire à Chalon Saint-Vincent, entra au noviciat dominicain de Chalais, a prêché avec succès en France et à l'étranger, mort au Hâvre, le 1ᵉʳ mai 1889....... p. 63.
Sully, commune du canton d'Epinac, magnifique château où est né le maréchal de Mac Mahon, et qui appartient maintenant à sa petite nièce, née de Vogüé .... p. 54.
Symphorien (Mère) .. p. 72.

T

Talleyrand-Périgord (Charles-Maurice de) évêque d'Autun ; né à Paris en 1754, mort en 1838 ; sa mère née dans le diocèse d'Autun, à Antigny-le-Château, aujourd'hui commune de Foissy (Côte-d'Or), avait nom : Alexandrine-Victoire-Eléonore Damas d'Antigny,............ p. 28.
Talleyrand-Périgord (comte Ernest de), appartenait à la troisième branche de cette famille ; né le 17 mars 1807, mort le 22 février 1871, il avait épousé Marie-Louise-Aglaé-Suzanne Le Pelletier de Morfontaine ; leur fille Marie-Louise-Marguerite est devenue par son mariage princesse de Ligne .... p. 65.
Tavernier..... p. 64 et 146.
Terrasse............ p. 32.
Terret .... p. 151.
Thibaudeau Antoine-Claire, né à Poitiers en 1765, mort en 1854, vota la mort de Louis XVI, l'Empire le fit comte en 1808 et pair de France pendant les Cent jours ; exilé après le retour de Louis XVIII, il revint en France après 1830, et fut fait sénateur par Napoléon III en 1852 .... p. 186.
Thiébaut (Mˡˡᵉ)...... p. 188.
Thomas (Benoît-Léon-Joseph cardinal) né à Paray le 29 mars 1826, fut vicaire à la Cathédrale, le 28 février 1851 ; missionnaire diocésain le 12 mai 1854, vicaire général le 10 juillet 1856, nommé évêque de la Rochelle, le 12 janvier 1867, transféré à Rouen le 10 novembre 1883, fait cardinal le 16 janvier 1893, il est mort le 9 mars 1894................ p. 88.
Toulon-sur-Arroux, chef-lieu de canton (S.-et-L.)..... p. 64.
Toulonjon ou Toulongeon, jadis Alonne, com. de la Chapelle-s.-Uchon (S.-et-L.). p. 139.
Toulouse, archevêché, chef-lieu de la Haute-Garonne.. p. 5.
Tours, archevêché, chef-lieu d'Indre-et-Loire ..... p. 93.
Trente, en italien Trento, en allemand Trient, ville du Tyrol. Le concile de ce nom dura, avec diverses interruptions, de 1545 à 1563 .... p. 2.
Tronchin............ p. 43.
Troyes, évêché, chef-lieu de l'Aube .... p. 17.

INDEX ALPHABÉTIQUE

Truchot Pierre, né à Saizy en 1838, fut élève du petit séminaire de 1851 à 1857, y revint en 1862 comme professeur de Neuvième d'abord, puis de Rhétorique et de Philosophie ; il est supérieur depuis le 22 juin 1879............ p. 97-116.

Tulle, évêché, chef-lieu de la Corrèze............... p. 30.

U

Ulm dans le Wurtemberg, sur la rive gauche du Danube. Le général Mack y capitula le 18 octobre 1805...... p. 45

Uriage, commune du canton de Domène (Isère)....... p. 99.

V

Val-Saint-Benoît sur le territoire d'Épinac, chef-lieu de canton de Saône-et-Loire ; prieuré fondé en 1238, il en reste une très jolie chapelle du quinzième siècle.......... p. 10.

Valence, évêché, préfecture de la Drôme .... p. 27.

Vallette (Gaspard-Thomas de la), évêque d'Autun... p. 19.

Valori .... p. 16.

Valsainte (la), ancienne chartreuse du canton de Fribourg, près de Gruyères. D. Augustin de Lestrange (1754-1827), en fit une abbaye de Trappistes, 1791 .... p. 47.

Vaulchier (de)....... p. 186.

Vaux-sur-Poligny, canton de Poligny (Jura). Le petit séminaire est établi dans un ancien prieuré cluniste : les élèves et le personnel forment presque toute la population du village.................. p. 83.

Verdier Antoine, né à Saint-Agrève (Ardèche), le 17 février 1755, prêtre de Saint-Sulpice, professeur au grand séminaire d'Autun avant 1789 jusqu'en 1791, administrateur du diocèse par délégation de Mgr de Marbeuf d'abord, du Pape lui-même ensuite, il devint après le Concordat vicaire général, chanoine et curé de la Cathédrale ; est mort le 29 novembre 1825. p. 32 et 178.

Verdun-sur-Saône, canton de Saône-et-Loire...... p. 187.

Versailles, résidence habituelle de la cour depuis Louis XIV, chef-lieu du département de Seine-et-Oise........ p. 13.

Vesoul, préfecture de la Haute-Saône............... p. 183.

Vichy (de) Roch-Étienne, né au château de Paulhaguet (Haute-Loire), le 7 juillet 1753, fut aumônier de Marie-Antoinette, et, à la Restauration, de la duchesse d'Angoulême ; nommé à l'évêché d'Autun le 30 juillet 1819, créé pair de France en 1823, il mourut à Paris le 3 avril 1829.......... p. 59.

Vieillard Lazare, né à Couhard le 24 avril 1795...... p. 47.
Vieux-Collège (rue du), va du bas de la rue Saint-Christophe à la rue du Carrouge. p. 21.
Villefranche (Henri de Tulle de), il avait fait avec M. Landriot, en 1849, l'ascension du Vésuve, et montré aux guides ce que peuvent valoir des arguments frappants..... p. 120.
Villemonté, Hauthier (de) Antoine............ p. 22.
Villers (de) Guillaume. p. 87.
Villette Emiland-Bernard, né à Montcenis le 29 octobre 1780, ordonné prêtre le 17 décembre 1808, fut vicaire de Buxy, curé de Barnay et de Saint-Sernin-du-Plain. En 1833 il se retira à Montcenis, où il est mort le 14 octobre 1862...... p. 180.
Vilna, Russie occidentale, chef-lieu de gouvernement p. 187.
Vincent de Paul (saint), 1576-1660, fondateur des prêtres de la Mission et des filles de la Charité............. p. 3.
Vitteaux............ p. 76.
Voillot............ p. 63.

W

Waterloo, village de Belgique (Brabant méridional), bataille livrée le 18 juin 1815 (Napoléon, Wellington, Blücher)......... p. 56.

Z

Zéphyrs, nom familier donné aux compagnies de discipline en Algérie... p. 94.

ERRATA ET ADDENDA

P. 11, note 2, Chiseul, lire *Chazeul.*
Idem, note 3, 342, lire *218.*
P. 15, note 4, idem, lire *archives du P. S.*
P. 28, dernière ligne, voulu, lire *voulait.*
P. 30, ligne 21, Argelliers, lire *Argeliers.*
P. 31, note 2, 1884, lire *1885.*
P. 45, ligne 4, des particuliers, lire *des particuliers;*
Idem, ligne 5, ces malheureux. lire *ces malheureux,*
P. 62, note 3, 1817, lire *1827.*
P. 64, ligne 27, d'Autun, lire *à Autun.*
P. 72, à la fin, mère Bruno, lire *Mère Bruno.*
   Idem,   mère Symphorien, lire *Mère Symphorien.*
P. 82, ligne 13, après deviner supprimer la *virgule.*
P. 92, à la fin, Notes, lire *note.*
P. 120, dans la note, Mère Symphorienne, lire *Mère Symphorien.*
P. 125, ligne 13, ne déclara pas enlever, lire *ne déclara pas enlevé.*
P. 206, dernière ligne, supprimer le dernier mot *et.*

Bourbaki (Charles-Denis-Sauter), général français d'origine grecque, né à Paris en 1816, commandait l'armée de l'Est au commencement de 1871 ; elle ne fut pas comprise dans l'armistice, et Garibaldi laissa passer les Prussiens. Il est mort récemment à Bayonne. Les élèves sortants de Saint-Cyr (1898) se sont appelés *promotion Bourbaki*, p. 98.

Freycinet (Charles-Louis de Saulces de), né le 14 octobre 1828, chef du cabinet militaire de la délégation de Tours, en 1871, est aujourd'hui sénateur de la Seine, p. 98.

TABLE DES MATIÈRES

Au lecteur	v
Des origines à la Révolution	1
De la suppression au rétablissement	35
Le rétablissement	50
Le séminaire rétabli	58
M. Léveillé, 1818-1835	58
M. Juillet, 1835-1842	67
M. Landriot, 1842-1849	75
M. Duchêne, 1849-1879	81
M. Truchot, I, 1879-1884	116
M. Truchot, II, 1884-1898	136
Tableau du personnel enseignant, 1811-1898	153

APPENDICES

I.	— Description du bâtiment du séminaire d'Autun, par Bussy-Rabutin	164
II.	— Lettres patentes de Louis XIV, portant établissement du petit séminaire d'Autun	173
III.	— Épitaphes de Mgr de Roquette et de Mgr de Senaux	176
IV.	— M. Saulnier	177
V.	— M. Ballanche	182
VI.	— M. Berbey	187
VII.	— M. Ruben	191
VIII.	— M. Bertelle	195
Index alphabétique		199
Errata et addenda		225

www.ingramcontent.com/pod-product-compliance
Lightning Source LLC
Chambersburg PA
CBHW071929160426
43198CB00011B/1331